母女江山

黃越綏

A Mother's Legacy

新版序　三代女人一世情，情歸塵土永相伴

黃越綏

在華人社會中，大多數的女性一旦結了婚，組成自己的家庭後，原生的娘家就會在不知不覺中變成了「後頭厝」。除了逢年過節或特別有意義的日子，會帶著兒女及丈夫回娘家作客和省親外，在精神層面的親情聯繫是難以割捨的綿密，但在現實生活裡，距離卻無可避免地走向疏離。

每一個女人跟原生家庭的緣分都希望能有個美好而綿延的結局，但在重男輕女的傳統社會裡，女兒出嫁猶如潑出去的水，一旦冠了夫姓後，與原生家庭便形成了一個無形的屏障。尤其，如果父母早逝或手足失和，就更印證了古早人對娘

家的感慨：「父死路遠，母死路斷。」

大多數的小孩都很喜歡回外婆家，因為總會被當作貴客招待，受到禮遇。我本身沒有這樣的經驗，但我也並不因此覺得難過或悔恨。因為外婆在我小時候就一直跟我們住在一起。我常在想，外婆是否相信中華文化傳統的刻板觀念——必須依賴兒子、而非女兒——這是否讓她覺得自己是我們家的累贅。她非常抗拒有人叫她「外嬤」或是「外婆」，因為這些詞是表示「媽媽那一邊的祖母」。「外」這個字就表示「外來的」，而「婆」在某種程度上，則有歧視女性的意味，如「三姑六婆」。這就是為什麼她一直不喜歡這個詞，也因為這樣，我總是以最簡單的「阿嬤」來稱呼她，不分是爸爸或是媽媽那邊。在這本書裡，我也都會用這樣的方式來稱呼她。

我很幸運地擁有阿嬤的寵愛和母親的管教，阿嬤是我一生智慧的啟蒙，而母親則是這輩子相扶相持最久的親人。他們的生命，與我的人生和命運緊密交織，如同使拼圖完整的失落拼片。

母系一脈相承的情愫，總像斷層般地在歲月與命運的磨損中拼不了完整的畫面，就算是彼此告白也多有所保留，女性的韌性來自於生養孩子的喜悅，相對地也可自己埋掉臍帶的痛疤，傳統女性的宿命成全了油麻菜籽的飄散，但此書中的阿嬤、母親和我，卻都在不同的時空背景下，還能保有自我，並由生活的拼圖中去尋找出一片自在的天地。

有的人還沒有機會了解母親，就已經失去了她；有的人則遭母親遺棄，留下影響餘生甚鉅的傷痕。我的阿嬤享壽八十，母親也是八十九歲的高齡才過世。現在的我已經年過七十，我非常幸運，得以親身經歷三代之間的母女情深。然而，這並不代表我的人生總是一帆風順。因為這樣，我決定寫書，才能趁回憶還清晰的時候，以紙筆記錄之。透過書寫，我希望能珍惜我的回憶，與之緊緊相繫，如同串在項鍊上的珍珠，讓回憶栩栩如生，緊靠著我的心。

尤其是趁我記憶尚未快速流失，對歷史的真實性還能條理清楚，把回憶串成珍珠項鍊般掛在胸前溫存，並且疼惜著。

本書是想紀念與感念我人生中最重要的兩位女性。對我們已成家立業的手足與三位子女而言，此書是很棒的媒介，能讓他們更加了解母親與孩子之間的強烈羈絆，以及串連所有成員的家族之情。

也承蒙臺灣商務印書館王春申董事長對我深厚的期望以及李進文總編輯的厚愛，能夠將這本《母女江山》以全新的樣貌與讀者見面，除此之外，我也與臺灣商務印書館規畫進行《母女江山》英文版電子書計畫。為什麼期望此書能用英文版發行呢？其實有一個理由是我有兩位洋女婿，當他們得知這本書的內容，是在描述我成長的過程中與外婆及母親三代女性同堂，並藉大時代背景的穿梭而鋪陳出女性間情感的糾葛，他們均強烈地表達想要閱讀的意願，甚至連洋親家母都希望我能送她一本，分享東西方女性間不同層面的成長故事。

如今兒女均已成家立業，而我也當了阿嬤，所以他們期盼我能夠把這本書當作自己對長者的思念與回憶，同時也是送給他們的禮物和共同記憶。

最後，我想對書寫及出版此書的過程中，有過支持和幫助的人致謝。我也要特別感謝我的老友李進文，花時間替我以作家、編輯與讀者的角度，提供了彌足珍貴的編輯建議與回饋。他常跟我提到，他有多麼期待我能出版自己的台語詩集，這也讓我非常感動，在他所寫的序言當中，使用了非常多的台語文。道謝已不足以表達我的心意，但我希望他能了解到，我是多麼感謝他的專業協助與友誼。

同時，我也想感謝家人的支持，以及我的三個兒女共同協助翻譯《母女江山》英文版本的辛勞，另外也特別感謝加拿大渥太華大學社會與人類學院的教授史考特・賽門（Scott Simon）為英文版本撰寫推薦序。

推薦序

勇敢是女人的基因

詩人・臺灣商務印書館總編輯　李進文

某天，在我上班的中午，突然接到一通電話，那頭說：「我叫黃越綏，你應該不認識我。我讀了你的詩，很喜歡，嘸啥米代誌，打個電話跟你說。」就這樣？沒錯是這樣。多年前跟她認識，可以說完全沒有「過程」。我跟黃老師年紀差一大截，生活圈完全不同，這種相識方式，像天外飛來一筆。跟她作伙，不必有預備動作，她的好惡表現得很乾脆：有緣歡聚，無緣當作空氣。在這本有關三代女人的故事，她情真意切，爽直坦白，彷彿也是「嘸啥米大代誌，只是有故事嘜講乎恁聽！」然後你就剎不住地一直聽她說下去，愈聽愈過癮，愈入迷，愈感動。

在她母親過世一週年，她以說故事來紀念，故事追溯阿嬤（外祖母）、母親與她三代女人，整個後頭厝的家族史。原本，她純粹只想以財團法人國際單親兒童文教基金會的名義自行印製，欲將版稅全數贊助「未婚媽媽庇護中心」，協助酗酒、吸毒、性虐……等弱勢女性，她問我讀後的感想，我答：「這是一本能夠激勵女人、感動男人的書！所以建議應該由出版社發行，讓更多人分享。」

其實這本書寫的不全是家族史，我看到的卻是一個大時代的縮影；也不單純只是為了女人而寫，更是為了讓男人了解女人。她的素直之心，反而讓此書跟坊間有目的性、有預設對象的書不同，帶來獨特的閱讀樂趣，屬於「黃式幽默」風格，行雲流水，穿梭如煙往事，像一位說書人，而故事卻又真實到令人心驚，我在這本書才真正發現黃老師說故事的魅力。讀到她阿嬤的故事，不自覺地想到《佐賀的超級阿嬤》，然而，這不僅僅是台灣版的「超級阿嬤」，更是三代女人的真情告白，而且文中交織著歷史與社會，更有對土地的愛、動人的詩……這是一本我最不想、也不能斷章取義地引用內文來推薦的書，因為必須直接讀、往下讀，一口氣讀完以後，打從心底你會嘆一句：「女人，好勇敢！」

人生，幽默以對！是本書的基調，也是三代女人的傳承。閱讀時，觸發我想起那年父親過世，他一輩子木訥寡言，我總覺得每個人的晚年都不應該愈活愈沉默，更要開朗地揮灑語字，留下聲響，然而父親的無言，讓我無法理解他的心境、往事以及曾經共有的故事，一切彷彿隨風飄散了。悲傷時，我曾經想要寫下什麼，卻很艱難。我在筆記上寫著：「躺著是標題，內容無聲無息　湊不成一首詩讓你拄著好走……」讀到黃老師的這本充滿聲音的親情書，恰好跟我相反，她曾詢及書名的建議，我直覺建議一個「鬧熱母女——黃越綏的三代女人一世情」，可能我潛意識裡，對她親情之間的歡趣聲響由衷羨慕吧。她用樂觀對待悲傷的態度，讓我在閱讀之間汲飲了勇氣。她為相處了三十年的阿嬤、扶持一甲子的母親總結出獨一無二的經驗，提供一種面對生命的堅毅情調。

她的第一本詩集，我很喜歡那首〈女人花世代〉，就像三位女性的一生合為一束女人花，果敢地綻放在此風雨飄搖的世代，「情是夢中花　花是心欲講的話」，女人心欲講的話，都在這——這本真情之書。

目次

第二部 女人花世代

想到阿嬤曾擁有可吃三代的一片大好江山，最後卻淪落到台灣寄居；母親也自建了獨棟獨戶的電梯豪宅，但晚年住進安養院。而自己在菲律賓時，美輪美奐的花園洋房今又何在？不是詛咒，也非基因遺傳，倒像是針和線把命運給穿透在一根細微的血脈裡，考驗其末梢神經的韌性。

第三部　女人夢一生

每個祕密都是一張蜘蛛網，可以複雜到需要有抽絲剝繭的脈絡；到底要先找到蜘蛛網再去找蜘蛛，還是找到了蜘蛛網卻找不到蜘蛛，或是蜘蛛跟網早已經糾葛纏繞著，導致怎麼也參不透其所以然來。祕密，是主觀的認定，也是心鎖一把，擁有它是種神祕的浪漫？還是甩不掉的煩惱？

第一部

女人真性情

母親總會在傳統的角色中突破，而且不會太委屈自己，她會挪出些空間，讓自己成長與進步。她跟年輕人及子女間沒有太大的距離，既不活在一味地為丈夫、兒女犧牲的悲情世界，也不屑扮演終日不是在數落公婆如何欺侮自己，就是埋怨兒媳們不孝的怨婦。

夢中花

提月亮的光
照思鄉的路
唱古早的歌
淋著相思雨
情是夢中花
花是心欲講的話
風吹花蕊飛
乍知花開有幾回
撥開雲中月
春將你來畫

有個頗令人玩味的人格測驗內容是這樣的：有三位男士，他們都具有大學以上的學歷，A君的嗜好喜抽菸、喝酒，B君則不抽菸、但喝酒且風流，至於C君不但不抽菸、不喝酒也不風流；結果多數為人父母及擇偶的女性們都選擇了C君。在一般人的心目中，往往將公正不阿的形象給刻板化了，但刻板有時是牽著偏見這隻無形的手一起走，一走就是天邊海角。

以上答案揭曉——A君後來成為英國首相邱吉爾，B君則是美國總統羅斯福；至於C君，你大概想像不到，他就是德國殺人魔希特勒。這也是為什麼有人會主張凡事依眼見為憑，不可道聽塗說或隨人云亦云來判斷；況且在虛偽的包裝下，真假往往還是可以魚目混珠，即使你親眼目睹，也未必就是事實的真相。至於真相與真理，那又是另一個議題。

菸酒道德說

人是環境的動物，當整個社會文化所營造出來的認知氛圍與道德標準，是在被絕大多數肯定、並成為主流的價值觀時，不論其動機是出於自我的認同，還是在集體催眠作用下，甚至是無意識地接受並洗腦時，很多自然、純潔與人性化的東西就輕易地被抽離及扭曲了。

舉例來說，抽菸成性的確有礙個人健康，而製造二手菸不但會污染空氣，同時也對其他吸二手菸者造成直接或間接性的傷害；這些說法都是學術評估與小眾認知上的問題，加上每個人的體質不一，就算是以科學印證也非百分百正確，可是一旦與道德沾上邊，抽菸的行為立刻進階，變成牽涉到公義與否的社會議題，在正反面的拉扯過程中，只要一邊失守、妥協與放棄，另一方馬上形成鐘擺效應，有如洪水猛獸般挾輿論壓力擁撲而上，且前仆後繼，蔚為風潮。

於是「全面性戒菸」成了社會凝聚的最後共識，而抽菸者一夕間彷如被判無期徒刑，並褫奪「菸」權再無翻身或辯白的機會，若能自動繳械投降最好，否則再不就範，不是面臨實質地被罰款懲戒，就是背負無形的不道德責任，更可能因在輿論口徑一致下成為害人害己的過街老鼠，甚至連自家人也不會放過，諸如惡習成性、不長進、自私自利、破壞環境……等，對戒不了菸者的頭頂冠以各種負面批判的標籤與罪名，而多數抽菸者也在被如此龐大群體所營造出來的氛圍中，開始信心動搖，並質疑起自己是否真需要負公民全責？而最大的後遺症是，抽菸恐怕從此變成了一種不再是光明正大且產生自卑的壓抑行為。

在文明社會裡，因抽菸所造成的公害，的確可透過公共議題來討論，並作出共同維護社會安全措施的政策，但先決條件之一，是要有足夠的說服力，令抽菸者認知到抽菸的行為不再是個人自由的行為，也非時髦的玩意兒，更是不值得被鼓勵的嗜好與興趣，否則對主張全面禁菸者而言，全面性戒菸的行動若成功，也只是代表他們的意見受到多數的尊重，導致形成社會力量的共識，轉化成大家可接受的一種生活態度罷了，但千萬莫偏執地一竿子打翻一船人，以簡單的二分法，將抽菸者和非抽菸者，延伸變成壞人與好人的刻板印象。

因為從人性的另一層面來分析，對癮君子而言，抽菸本是合法及正當的嗜好，也是屬於個人自由行為的範疇，菸草乃是來自大自然的植物，雖含有尼古丁，但適量使用則非毒品；嗎啡是毒品，但也是安寧病房常用的止痛劑。香菸製造工廠在經濟面的貢獻雖非全面性，至少也提供了某部分的勞工就業機會；至於供應商則在出售時付過政府稅金，並取得合法販賣的商品權。香菸的功能，對菸癮者而言，既是提供壓力紓解的最低消費，同時香菸也成全其生活中擁有最佳沉默的陪伴者。

人生誰不怕死！但在抽菸的當下，那種只能意會不能言傳的快感，早已令癮君子們將「吸菸等於慢性邁向死亡的警訊」拋到腦後，取而代之浮現的畫面是人生不盡如人意，一切要努力，其他的就交給上帝吧！而在吸吐之間，自己意外成了哲學家或詩人。雖說基於道德，不能把自己的快樂建築在別人的痛苦上，但菸癮者們的「飯後一根菸，快樂似神仙」，與禁菸者的「飯後一盤有機水果，活到九十九」可說是彼此價值觀的判斷與認知上的差異罷了，彼此樂在其中的堅持與執著，幾乎也是無法全然以道德高標準來徹底詆毀或消滅對方。

一旦某種嗜好變成生活中的重心，或一時不能馬上擺脫的行徑時，對它所產生的莫名興奮與依賴已成了習性，就像身體某處長了頑固的皮癬般地，一旦發作起來、癢起來，或許不至於立即影響生命安危，但情感上渴望獲得滿足的煎熬卻非外人可以體會的，所謂不到「玉山」（台灣最高峰）心不死，在醫生或X光片沒宣布肺部照出毛病或生死交關前，口頭的承諾永遠都會是「最後的一根」，因此主張戒菸者，不妨多給予受戒者體諒與包容，尤其是在戒菸的過程中，個人意志與時間是關鍵。

當下活自在

父親是標準老菸槍，從二十多歲起就學抽菸，而且從當民意代表開始，就養成每天固定兩包「新樂園」（香菸品牌），從未間斷，且整整抽了四十年，直到好一陣子以為是因感冒咳嗽所引發的胸腔痛而不得不就醫時，醫生拿出X光片診斷，並嚴肅地告知父親，他的肺部出了毛病，極有可能是肺結核，而非戒菸不可。阿嬤後來轉述這段過程，她說父親從醫院回家後，沉重地告訴母親和阿嬤這件事，並同時也宣布即日起他決定要戒菸。而就這麼簡單，幾乎沒有什麼緩衝與適應期，父親戒菸至今跟他抽菸的時間彼此扯平也已超過四十年，是毅力？堅持？還是不得不為的必要？

孩童私下意見有衝突可以用「划拳」、「打架」或「耍賴」……等方式來處理，但在公民社會，則多以民意的機制來進行溝通與說服的程序，政策的制定公平與否恐怕又跟執政當局的態度有關，或許不需縱容煙幕與菸蒂四射，但也不必真的因隨地抽菸而嚴厲到非繩之以法不可。抽菸也許不被公認是健康的行為，但天底下的肺病死因也非全由抽菸導致，法律到底是道德的最後防線，仍以勸說而不濫用法律為原則，否則每個人都是個別獨立的自然體，多元化社會裡的尊重不就是肯定別人有異於自己看法或作為的自由？包容不也就是允許他人同樣有犯錯的權利？一個完全沒有半點污染的社會，想必也會因過度的壓抑而變得太寂寞了吧！歐洲幾乎都是社會福利國家，但為什麼自殺率居冠？搞不好可能跟這也有關？

有位好友總嘲諷我居然可以樂在「不運動」、「不節食」、「不保養」如此不健康的三不政策的人生觀中而不知悔改，另一朋友則更不諱言教訓我是屬於有電梯絕不走樓梯，背能靠絕不坐挺，有座位絕不站……等的懶人組，而這種懶惰的生活態度，不但是身為公眾人物不良的示範，對自己的健康更有損害，因此她威脅我，將來會在我的墓誌銘上寫道：「這裡躺著一位不知悲哀的女人。」

一九六八年得到奧運女子八十公尺跨欄銅牌獎的女運動家紀政，她曾發動「日行萬步」的全民健身運動，並身體力行，實在令人感佩。她常鼓勵我要多運動，而我總善意地回應：「我願把所有榮耀都歸於妳。」或是：「妳是『明星』故日走萬步，而我只是『彗星』，所以萬日走一步即可。」我雖不長進，卻尚有少許反省能力與部分社會責任，所以通常都會為自己的「匪頽」再主動補充上一句：「哪一天我若真有個三長兩短的話，請各位親朋好友千萬不用為我悲傷難過，因為我乃咎由自取，死有餘辜。」

就像我有位醫生朋友整天告誡其病人要禁口，這個絕不能吃，那樣又不能喝，但私下跟他外出吃飯，他卻幾乎百無禁忌，葷素照單全收，當友人看不下去，質疑他的專業時，他居然面不改色地說：「我叫病人禁口是醫德，但我自己照吃不誤是私德。」有位美國心臟科醫生好友更以「Do what I say! Don't do what I do!」相呼應，果不其然，吾道不孤也。

腦海裡驀然浮現母親生前因膽固醇指數高，怕其痛風，而子女們總出於好意，想管制或改變其飲食習慣，結果她最常回答的竟是：「吃乎死卡好死嘸吃。」（寧可吃到死，總比沒得吃就死來得好）反正什麼都沒吃也會「中風」了，不如吃了中風划得來，總比整天捕風捉影，這也不敢吃、那也不敢碰，神經兮兮地「中邪」要來得有氣魄和乾脆。

這跟我另一「趕死隊」朋友的說法有異曲同工之妙，他的說法是：「想吃、能吃、會吃是最大的幸福，不用太緊張、太擔心，一旦你得了絕症自然就不想吃、不能吃、也不會吃了。你看看周遭多少撿垃圾的流浪漢，以及非洲鬧飢荒的人們連土都吃，竟然也沒吃出病來，而每天上健身房又餐餐吃有機食物的養生者，結果出門卻意外發生車禍死了。」他還會再附贈一句台灣諺語「棺材裝死不裝老」來強化生死有命，乃天意而非人道也。到底「保健」未必就「保安」啊！

另舉一個例子，我有位朋友，她的丈夫是職業軍人，人品不差又顧家，唯一的毛病就是喜歡喝酒，即便只是偶爾三五好友的聚會，他也要搞出一大堆續攤、喝酒的名目與藉口來達到不醉不歸的目的，其妻常為此事與他爭執。有一天，她不禁怒問丈夫：「你說你到底是愛我還是愛酒？」丈夫嘻皮笑臉地回答：「親愛的，妳怎麼可以自貶身價拿酒來比？妳是我這一生最愛的人，而酒呢？它是我的敵人；我既是軍人，而軍人本色就是為了保護愛人，一定要去消滅敵人，所以我每見到酒就得徹底地消滅它。」

作妻子、丈夫或親人會埋怨與嘮叨，經常都是站在愛與善意的出發點，但每個成年人都有自己生活的哲學、生存的信念與價值觀，尤其是在婚姻的經營中，夫妻相處的態度上，從單一親密的愛情關係，透過婚後兩人以上家庭結構的建立，生活變成了常態化的模式，便不由自主地由「方便」轉化成「隨便」。一旦互動的模式形同家人，則瑣碎難免，因此在應對上顧忌會較少，同時也因一再地疏忽，而容易失去原本婚前彼此刻意營造出來的尊重與耐性，導致磨擦與溝通不良的衝突經常出現。

因此，對於迷信愛情的力量足以改變伴侶的朋友，我總會開玩笑勸之：「與其相信愛情的力量，一味地嘗試去改變妳的另一半，倒不如先花時間說服自己再生個兒女來塑造會更有成就感，否則先改變自己恐怕成效會好些，至少在心情的轉折上由自己掌控也會來得較自在些。想想兒子是己出、長大後都未必能如妳願，何況丈夫是婆婆生的，結婚後才交到妳手中，其個性和癖好都早已定型了。而妻子也一樣，除非能像捏陶土般，打破再重新塑造一個完全如己意，否則即使被迫送進勞改營，最多也只能做到相互認識與彼此影響罷了。」別忘了，有時他人對自己的態度往往是自己引導產生的。

俗話說：「菜蟲吃菜，菜棚下死。」上述故事中的主角——我朋友的酒癮丈夫，果然某日喝得酩酊大醉，走在回家的路上不幸跌入大圳溝，瞬間灑脫地結束了生命。或許你不會相信這個不幸的事實雖然已過了好幾年，但至今這位朋友最遺憾的竟是——如果能讓丈夫起死回生，別說不會再嘮叨或責罵他，就是要她主動買酒勸進她都樂意。好歹「伴」的另類價值貴在「同在」，可惜人世間千金最難買到的就是「早知道」。

群體生活固然不能完全抽離道德觀，但也要學習懂得欣賞他人與自己之間個別差異的文化與背景，以及試著去理解每個人的價值觀與行事風格，基本上是無法要求標準或制式化。道德對每個人認知的程度，可說是良知上的比例原則，僅供參考；應用在人際關係互動上，則是誰在意誰就得多負些責任。

賭出眾生相

人類對賭博的看法更是有過之而無不及，因為一旦嗜賭，其後果往往不僅賭掉錢財，賭到家破人亡，甚至賠上了尊嚴和生命也在所不惜。所謂「小賭怡情，大賭傷神」的道理誰都可以理解，但控制不了的是人性的弱點，進入賭場彷如身陷冒險、探險加危險的競賽遊戲叢林裡，神經分秒都繃在緊張、刺激與期待能挑戰成功的節奏快感中。

只要用心去觀察賭徒的人格特質，就不難發現至少有以下幾點可供參考。以美國賭城拉斯維加斯（賭場至少有四十多家）為例，業者用娛樂和遊戲來包裝賭博的本質，你可以發現每天都有些中大獎的名單亮眼地被公布在賭場的電視牆上，你甚至不敢相信，有些幸運者只是在旅遊行程的安排中好奇兼好玩地嘗試，碰一碰運氣，掏出五角或一塊美元在某台吃角子老虎的機器上按了一下，結果卻意外爆出冷門，獲得上萬元的大獎。雖然這種喜從天降的奇蹟往往可遇不可求，但賭者總抱著希望，相信只要不放過任何機會，下次奇蹟還是會再來敲門。

如果幸運地在賭場中了頭獎或贏了一把，就此打住且捧著獎金歡喜打道回府，就屬穩賺不賠。但人性的荒謬就在於，勝者常想乘勝追擊或得意忘形；至於失敗者則更不信邪，認為屢戰屢敗也只不過是手氣一時不順罷了，若再加碼，也許契機就來了。個人堅毅不撓的意志力考驗才要開始，何況誰也不喜歡輸的感覺。也因為如此，才會有許多令人難以置信的傳奇故事不斷上演。

但乘勝追擊的結果，真有可能會更上一層樓？通常都在幸運從此不敲你二次門的莞爾間反而潰不成軍；相對地，雖說勝者為王，敗者為寇，但「勝敗乃兵家常事」，只要能本著願賭服輸的運動精神，暫且收兵退下養精蓄銳，或許還有伺機東山再起的機會。但偏偏有些賭徒的賭性特別堅強，總認不清事實，不但硬拗到底，跟錢財過不去，最終下場若不是山窮水盡，恐怕是連屍骨也不存。所以在賭場上最普遍存在的人性弱點，就是贏者捨不得走，而輸者更不願走，兩者之間的矛盾心情或許不同，但陷於禁不起貪婪誘因所造成的優柔寡斷、或刻意耍狠之困境卻是雷同。

另一種情形則是，你會意外發現，不論平時有多傲慢或多在乎面子的人，一旦上了賭桌，突然就會變得非常謙虛，不斷為自己所犯的錯誤自責（當然不是道歉），尤其是在麻將桌上，不論是打四、八、十二圈，甚至只打一圈，東南西北四莊家在整個賭局過程中，不難發現某家才剛嘖嘖罵道：「唉！我怎麼會笨到打這張牌給下家吃？」而他家也開始唉聲嘆氣地自責：「×！我才是真正的豬咧！居然會漏了『槓』牌……」等，總之，此起彼落各種懺悔與告白，全為了不願也不能輸。

而最經典的莫屬賭博成癮者的誠信問題。以打麻將為例，除了擔心沒有足夠的賭本外，恐怕就是三缺一或找不到牌局那一份殷切之期待湧上心頭的落空與無奈。人吃五穀雜糧，除了性格不一，素質當然也良莠不齊，因此在賭局中，每個牌友的牌品也都千奇百怪、各不相同。你不要看平時哥兒們相邀聚餐，結帳時，除非不上道者才會「尿遁」上廁所找藉口，或故意離席打手機來閃避付帳的風頭，否則熱情的台灣人在宴席上，總會一路開懷暢飲直到賓主皆歡才算盡興。如此還不夠誠意，尤其到了酒酣耳熱，筵席或飯局已近尾聲時，只要一看到服務生送來帳單，主賓開始甲乙不分，你推我扯地爭相搶著付帳以示誠意，而這種特有的熱情文化不知疑惑了多少人，同時也羨煞不少付帳一向採各付各的老外們。

但若換個場景且以上人物均沒更迭，只不過把餐桌換成麻將桌，整個劇情立即就變得令人側目心悚。你會發現那些不屑為一桌上千、上萬元的飯局而爭先恐後搶著付帳的朋友們，居然在牌桌上會為輸贏不大的零頭小額爭得面紅耳赤，甚至翻臉口出惡言，這種行為更是局外人不能揣摩、理解的邏輯與行徑。尤其當你不解地質問他們時，卻又得到異口同聲的標準答案：「請客不論，買賣算分嘛！」難道牌桌上六親不認的正氣凜然，也算是賭場的另類原則嗎？

曾幾何時，彼此才因不滿對方牌品不佳而不惜演出摔牌或拒打，甚至詛咒並發誓老死不相往來的戲碼，卻因熬不住賭癮再度發作，尤其適逢三缺一時，只好紛紛祭出「新同志不如老敵人」的旌旗，一邊吶喊，一邊給自己找台階下。是賭性堅強還是意志薄弱，可就見仁見智了，這也是為什麼有人對嗜賭者的誠信會產生質疑，台灣諺語用「賭神若入骨，千削也難脫」形容得很傳神，因為一旦上癮的東西，無形中已變成駐紮在體內的細胞，而且不斷地挑釁及侵犯免疫系統，不但會嚴重影響自己的身心健康，同時也可能左右意志與判斷力。

話說有個決心戒賭的賭癮者為了表示他堅定的意志，於是決定用剁掉自己的右手指來明志，面對如此激烈手段，周遭親友雖感不捨，但也不得不佩服其決心和勇氣而給予嘉勉。可是過沒多久，卻發覺此君又繼續沉浸在爛賭中，而悔改使用的手法則是再將右手指全砍斷，然後再來改砍左手指。如此反覆不停地利用砍手剁腳來重申其戒賭決心的行動，演變到最後當其四肢全廢時，大家終於吁了口氣，深感欣慰，心想這下他可當真戒賭了。可是，萬萬料想不到他居然還能演出一幕令人欲哭無淚的劇本，因為他從此逢人就嗆聲說道：「喂！我們來賭賭看，是你的痰吐得遠，還是我的痰吐得更遠……」。

我為什麼要鋪陳這麼多有關嗜好對個人或族群性的影響，其中還包括了一般世俗眼中的吃、喝、嫖、賭等現象？因為長期以來存在我們傳統保守的社會裡，一直都是延用霸權統治者以及特權階級訂下的兩套標準，如「只許州官放火，不准百姓點燈」就是典故一則，很多的觀念透過各種傳播管道，一旦引起共鳴，形成共識，變成通則後，給予的刻板印象，在無形中就會不自覺地被切割成絕對性或極端性的區別。

相對地，儘管吃、喝、嫖、賭有其放諸四海皆適用的品德標準與判斷價值，但吃也要有能力才吃得起。大胃王的比賽為什麼受到矚目？因為能成為大胃王者不多，至少他得有個吸收能力好的胃。酒對某些人而言，是追求與嚮往陶醉在更自由自在的扶梯，酒逢知己千杯少豈是文人雅士的專利？嗜酒也要擁有酒力、酒伴及酒錢的能力。

同樣地，嫖是逾越正常化情感的交易，但若無金錢和體力，嘗試也不過是出於好奇心或意志薄弱下的衝動，君不見「寧可娶妓當妻，也不願娶妻當婊」，不正是職業無貴賤及英雄不怕出身低的寫照？況且性工作者一天要應付數位到數十位客人，不具備有專業的能力和體力行嗎？

至於賭，對嗜賭者而言，更是強烈不服輸的好勝心驅動下的冒險家，只是沒有雄厚財力與運氣，除非是詐賭，否則金山銀山照樣可夷為平地，仍是能力的問題。

有能力的人不去做該做的事是暴殄天物，而無能力的人硬拗著去做完成不了的事則是自取其辱。前者瞧不起後者，是因缺乏勇氣或不諳其中之奧妙處；而後者不屑前者，是嫌對方占著茅坑不拉屎，但也都是陷入既主觀又極端的思考模式。

當人性的弱點是建構在道德的單一審判及簡易的二分法來定調時，易造成對人格存在價值的扭曲與不公，這種情形在愈民主、愈開放、愈尊重人權與自我的社會裡就愈不可能發生。而另一個理由則是在封閉的社會裡，人云亦云一旦形成衛道，無恥與無知間的認知僅介於一線之隔。

我的兄弟中曾出現好幾位老菸槍，父親一生風流不斷，而我個人貪口慾，至於嗜賭者則是我的母親，幾乎不容於矯情社會善良習俗的吃喝嫖賭，我們家成員全包了。

生命本是大賭盤

母親嗜賭是中年以後的事，她既無賭掉江山，也沒搞到家破人亡，更沒有拿丈夫及子女的前途作抵押，照理說，只要「恁祖嬤」（老娘）高興又有何不可？但母親還是跳脫不了傳統社會對賭博刻板印象的影響，諸如「男濫賭則為盜，女濫賭則為娼」的觀感，在她那個男尊女卑的封閉年代，對女性而言，賭博不但非良家婦女的標竿，簡直是離經叛道、不可思議且傷風敗俗的行為；尤其對出身名門閨秀的她，心理上的顧忌與障礙更是衝擊。因此，母親給自己找到了兩個乍聽合理，實又風馬牛不相及的理由作為嗜賭的說帖。

第一個理由是，母親認為她的嗜賭是來自於「基因遺傳」。她的祖父李巷是中國泉州、福州的大船商，營運範圍遍及到台灣，由於出生於福建惠安，故各取地名一字作為名號代表，統稱「福泉惠」。

他是位傳奇人物，家住在海口邊，面對大海洋，內心雖澎湃，充滿鬥志和野心，但據說他年輕時生活極荒唐不羈，吃喝嫖賭樣樣都來。有一天，他進城賭輸很多錢，悻悻然地順著退潮的海灘，低頭往歸家的途中踱著無精打采的步伐，心中正懊惱著不知該如何排解鬱悶的負面情緒時，更令他倒胃口的是——當他無意間抬起頭望向海，竟發現前方不遠處的沙灘上疑似躺了一具漂流屍，等他近身一看，才發現居然是具女屍；也許因落海後沖漂時日已久，不但屍體腫脹，全身裸露幾乎毫無遮蔽，可稱得上死相難看。

當下惻隱之心一起，讓他毫不猶豫地脫下上衣，輕輕地將它覆蓋在女裸屍身上，並用著既感傷又略帶些許無奈的口吻說：「唉！看妳曝屍又裸體已夠可憐了，卻碰到我這個倒楣的窮賭鬼，身上早已不剩分文，只能拿我這件上衣先給妳蓋上，待會兒我再叫人來替妳收屍。」

對討海人而言，常見漂流木和浮屍已是見怪不怪，並不足為奇，所以對這偶發事件，他既不介意，也沒多放在心上。可是不久，奇怪、靈異的事情卻真實地發生了——從此他不但每賭必贏，可以說是屢試不爽，連他對自己突來的幸運都深感質疑。

直到有一天，村裡有位類似通靈的耆老道破其中懸疑，並提醒了他，他才恍然大悟並覺醒，原來不是他一夕間運氣轉好，而是有陰貴人在相助啊！從此，他不但痛改前非，而且把握這天賜良機認真地做起買賣，一旦揚帆而起……日後竟成為泉州船界的大亨。

母親第二個嗜賭的理由，是因為其丈夫（家父）的風流韻事不斷，她在忍無可忍的情況下，採取你既可嫖、我又何嘗不能賭的平衡報復，也算是給壓抑的情緒找宣洩的出口。當時我們的家境還算不錯，而牌友也都是上得了檯面的官家太太們，加上有她的母親（我的外祖母）主中饋替她撐起半片天，不但讓她無後顧之憂，甚至可說是有恃無恐的情況下，母親集天時、地利與人和之大成，明正言順的與賭結上了緣。她對賭博本質的詮釋又是這麼說的：「生命原本就是個大賭盤，而人生處處充滿冒險與挑戰，重要的是，你是否具備了願賭服輸的勇氣與能力。」

父親更常引用各種不同與賭有關的諺語來嘲諷母親的賭性堅強，而母親的回應態度則把握在「出征前不能帶晦氣」及「勝後再論英雄」的兩大前提下，並不太理會父親的冷嘲熱諷；倒是父親針對母親沉迷於賭的角色扮演上常會出現自相矛盾，因為每次母親打牌夜歸，他不論是作為一家之主或丈夫的身分，還是怕母親的行為會對子女產生不良的示範，不是採取暗地埋怨嘮叨的方式，就是大發雷霆、當面數落母親一番。可是，當母親真贏了錢、買消夜回來犒賞大家時，父親卻也賴皮，裝作若無其事地跟著大夥吃得津津有味，頓時忘了自己的立場。

最有意思的是，當牌局偶爾設在我們家裡時，父親不但施行六親不認的作風，並堅持一定要「抽頭」，而供應給牌友們的伙食則是慘不忍睹；問他原因，據他個人的官方說詞是：「賭博乃犯法行為，犯人對伙食怎可挑剔？有得吃就算不錯了。」但私下則跟我坦承：「別傻了！妳媽打的是小牌，抽頭也抽不了幾分錢，難道還辦滿漢全席不成？何況若招待得太周到，豈不天天上咱家打牌！」

母親話不多，不喜囉嗦且個性也較「阿沙力」，因此看似嚴肅，其實是個很慈悲的人。雖然性格上仍依稀可見其獨生女被驕寵的某些習性與特質，但只要不刻意去踩到她設限的地雷或大原則，整體上來說，母親算是個能從善如流且相當有雅量的女中豪傑。

母親生於一九二〇年（民國九年），在她那個屬於動盪且必須面對戰爭死亡與顛沛流離的年代，當美軍在轟炸中國廈門淪陷區時，母親已中學畢業、不到二十歲，因時局緊張，不再進大學念書，就職於離家近的廈門商會；母女雖相依為命，但阿嬤自惠安縣搬到廈門及鼓浪嶼後就不斷置產，因此有一排的房子在收租，日子過得還算愜意。只可惜好景不常，由於烽火不斷，很多跟她一樣年輕的女性不是設法找個夫家嫁，就是逃到國外，或是驚嚇得躲避在閨房裡足不出戶。

母親當選商會之花，
攝於其好友家。

母親擔任紅十字會志工護理人員，在戰車前留影。

可是，母親卻不忍蒼生痛苦，帶著滿腔熱血，毅然決然地辭去工作，報名參加救援隊，擔任起護理志工，並傾全力投入災區、協助護理傷患等急救任務。當時在炮聲隆隆下，工作既繁瑣、辛苦且吃力不討好，但她對工作的熱忱與認真的態度，深獲紅十字會的好評。

救人如同救己

我從念小學開始，就一直和阿嬤同枕共眠到十六歲。嬤孫倆每夜躺在掛好蚊帳的古老木床上，幻想著彷如是在阿拉伯或蒙古包裡演出《天方夜譚》；總是從盤古開天到昨是今非，天南地北地想到哪裡就聊到哪裡。

我一生扮演過的角色，在性別上有女兒、孫女兒、姊妹、妻子、妯娌、母親、丈母娘及婆婆等角色；而在職場上，則當過學生、上班族、講師、作家、電台及電視主持人、公益團體創辦人、企業董事長及國策顧問等頭銜的經歷，在生命學習與發展的過程中，雖無成就倒也心安理得。

專業演講竟也成為我的謀生技能之一。一九九四年第一屆全國經營者大會被與會的四百位經營者票選為第一名的講師時，馬上就有聽眾問我：「如何當一位有魅力的演說家？」成功的條件當然包括很多技巧的面向，但來自個人的經驗與觀察，顯示出一位受歡迎的演講者，除了擁有專業的內涵外，應不離自己熟悉的生存空間與人性面的探討，而且肯定是位從小喜歡聽軼聞掌故，自己也是個愛講故事的人；其生活的歷練也一定是多層次，即使天馬行空地描述也能吸引與感動受講者；若能再注入幽默感的畫龍點睛，也就八九不離十了。

我曾問過阿嬤，她早年守寡（母親九歲時，外公因戒鴉片不成而過世，是個典型喪偶的單親，所以母親對我後來成立協助喪偶、離婚、未婚生子，以及隔代教養等弱勢服務對象之公益團體深表贊同），而女兒更是她老人家唯一的依靠，怎麼會捨得讓她置身在槍林彈雨中，不顧老母的安危反而去拯救別人？阿嬤感情含蓄的脈絡，隱現於眉宇之間而被我捕捉到，並經常隨我問題的牽引又重返久違的塵封舊事，囊探一些歷史物證來滿足我對母系家史的好奇心。

她眯著眼，安詳地徐徐道來：「妳想想，我早年曾歷經在三年裡病死了三個關係匪淺的男人，一個是最親密的丈夫，另一位則是疼惜我的公公（其婆婆早已皈依佛門），還有一個才牙牙學語的兒子；他們既非死於人禍的兵荒馬亂，也非葬身在地震、海嘯的天災，有誰像我有如此切身之痛的遭遇，而且接二連三襲來，整個人像行屍走肉般地從天堂被打入地獄，往返了好幾回。」

「在我們那個年代，裹小腳的女人背後、身邊和眼前，如果擺明沒有男人可以替妳撐腰與扶持，再加上又無兒子、後進可當靠山和賦予寄望的情況下，如果女性自己意志力又不夠堅定，是抵擋不了社會、宗族和親朋好友對孤女寡母的歧視與欺侮的……」

阿嬤感慨地停頓一下，吁了口氣繼續說：「但也用不著因怕一再被打擊，就什麼事都退縮不敢做，那跟等死有何差別？俗語說：『欲死死不晟，不死天註定。』妳母親是個福星，我們母女本來就嫌人丁單薄，救人是濟世，也為自己積功德。」

年紀小，而且一知半解，但我仍愈聽愈入神，反而阿嬤眼神時而呈放空狀，像是只說給她自己聽：「我也曾在那段最傷心的期間獲得了親朋好友們的勸慰與支持，也走遍了無數廟宇和教堂，只為了尋找答案，看看老天能不能還我公道，或告訴我到底是造了什麼孽。最後，還是在南普陀寺的住持給了我當頭棒喝後，才讓我豁達走出悲傷的陰霾。」

「這又是怎麼一回事？」我忍不住插了嘴，阿嬤沒理會，繼續說：「同時間在一個奇妙的機緣下，我被安排參加了一個所謂『雲夢』的法會，夢中意外地讓我看到自己的前世今生，它的啟示對我自己和妳母親的未來都有很大的信心，所以當妳母親想去做些對社會有意義的事情時，我為什麼要去阻止？何況救人也可救己呀！」阿嬤的心思，這下大概被拉回中國廈門遙對鼓浪嶼碼頭炮火連天的場景了。

我突然不解地又冒出一句：「救人真的能救己嗎？炸彈可是不長眼的！」

阿嬤起先愣了一下，但馬上就用著傳道授業解惑的態度，耐著性子問我：「妳還記得很多廟寺入口大門兩邊樑柱上，經常會刻著的警世對聯是什麼？」是對聯嗎？我很少去注意。從小對廟寺的印象，總覺得陰森森有點恐怖，大門上不是老畫著面目猙獰、手持抓驅鬼妖法器像鍾馗之類的門神？

印象中是念小學一、二年級的事，阿嬤帶我去看國片台語發聲的電影《林投姐》，故事大概的內容是在演繹一位歷盡滄桑且含冤的女性吊死身亡在林投樹下，然後變成了厲鬼回來報復負心郎的情節。

對我而言，它是我看鬼片的啟蒙，也許因年紀太小，無法釋懷電影只是反映社會現象的藝術工作，都是在編劇下用演員角色扮演來呈現故事的起承轉合，並作詮釋而已，既非百分百真實，更不可能發生在當下；縱使真人真事，製作單位也必須用「雷同」二字來規避社會與法律責任。

結果那個晚上走出電影院後，我不但懼怕得緊緊抓住阿嬤的手一刻都不放，而且貼近靠著她只為了沖淡寒意；回家的途中，只要路旁的樹木稍有風吹草動，或突然跑出野狗、野貓一隻，就會令我害怕尖叫且退縮成一團。好不容易度「夜」如年地回到家後，我依舊當阿嬤的跟屁蟲，連她上廁所我也要跟，且不准她關門；睡覺時更用棉被蓋住整張臉，偶爾探出頭來透氣，眼睛也是緊閉著。

童年看此鬼片對我的負面影響之大，直到一九九五年，我正式成立財團法人國際單親兒童文教基金會此公益團體後，雖已事隔多年，但陰影仍舊存在。每年暑假，本基金會均會舉辦兩梯次免費的清寒單親兒童夏令營活動，而協辦單位ＹＭＣＡ提供的福隆及大里營區，其近海處的曠野山徑中，處處長滿了密密麻麻的林投樹，害得我即使白天經過也都會心裡發毛。而童年記憶中，那個吊死翻白眼又口吐長舌頭的女鬼，其恐怖可怕的模樣，更保留在黑白影像的歷史記憶畫廊裡，難以揮去。

當時面對阿嬤的問題，怎麼想也想不起來。大廟的柱子上到底有什麼對聯？我托腮歪著腦袋瓜想了半天——噢！終於讓我想起了。原來阿嬤指的是「善有善報，惡有惡報」、「不是不報，是時候未到……」之類的警世標語。

阿嬤微笑點了點頭，其記憶超好，完全不跳針，接下去說：「雖然妳母親在淪陷區擔任護理工作時曾被彈片掃射到，至今她的腿上仍留有好幾個大窟疤作為戰利品，但也因為她的投入才學習到許多急救的專業知識，以致後來剛到台灣的第一站時，妳父親安頓她和妳大哥先住在台南縣麻豆鎮的庄腳（鄉下）友人家，適逢戰後醫療資源匱乏，很多孩童出生都因發高燒，父母醫學常識不足而措手不及，甚至病情延誤或惡化移轉成腦膜炎、肺炎失醫而死亡，幸虧妳母親運用實務的經驗，不但沒讓你們這群孩子有任何閃失，更救了不少街坊鄰居的小孩，這就是救人也可救自己的福報，懂嗎？」父母的身教與言教，對子女的影響可說是無遠弗屆，否則為什麼自己一生願與公益結緣？

阿嬤緊接著說：「這也是妳母親這位被貼上『外省阿山婆』（指戰後才從中國來的女人）從唐山到台灣，生兒育女之外，能夠協助你父親這個來自偏遠的外地人，在無任何地緣與政黨作後盾的劣勢環境下，還能在台南縣府所在地的新營鎮，從基層里長開始參選，之後不但連任，並接下去做了兩屆的縣議員，若非第三屆國民黨綁樁買票且全力杯葛無黨籍的他，恁老爸還是會當選的……妳母親的熱心公益和廣結善緣，對妳父親的當選及妳們黃家的成長茁壯是有絕對性的貢獻。此外，當時女性保障名額只要有幾位地方人士推薦連署，就可當上省議員，妳母親不但實質得到最多連署（上百位），而且學歷在當時也最高，但她還是禮讓給另一位婦女友人。」

「另外值得一提的是，包括妳母親在二二八及白色恐怖時期，處在那個政治肅殺、風聲鶴唳的氛圍裡，人人都只求自保當順民；但妳母親對有難求助的人，常以天涯若比鄰的心態，從不在意是本省人還是外省人，能幫多少、能救多少，就算多少，加上那時處處充滿了報馬仔跟抓耙子（通風報信及窩裡反者），大家都有如驚弓之鳥，已分不清誰是友誰是敵。於是當警察局捕風捉影地到咱家來查詢時，若要逮捕的對象是外省人，你父親就出面告之：『嘸！阮這攏是本省的』，但若碰到是要來捉本省人，妳媽就出面用『國語』（現今中國的普通話）回道：『這裡哪有什麼本省人？我本身就是外省人。』也因為這樣，在二二八的前前後後，咱們家後院的柴房裡藏匿了很多不分本省外省、都是住在台灣咱們認識的好人。總之，妳父母親真的扎扎實實救了不少人。」母親晚年曾不只一次鼓勵我，若上電視一定要講出這段省籍融合就發生在我家的故事。

阿嬤接著說：「其中包括妳出生後一個多月，在新營鎮（現已改成區）中山路口圓環水池旁被槍決的黃媽典，因為他與妳父親是舊識，而在他被以親日反動分子槍決前約一個月光景，還來過咱家吃飯；被槍斃後，當時的國民黨政府打算讓他曝屍一個月，以達殺雞儆猴的作用，還是妳母親以血流滿地加上曝屍不雅，恐會帶給老弱婦孺心悸不安的後遺症，且對社會也是負面觀感為由，說服了警方，並挺身出面叫人去通知其家屬盡早來收屍。」

再明智的人，不分性別與年紀，一旦打開話匣子就很難收場，而我也有點擔心阿嬤會犯同樣毛病，拿出她的裏腳布講到地老天荒，所以就直接打斷、切入問道：「阿嬤！妳剛才有提到三年內夫家連續死了三個人，而且都是妳最摯愛的親人時，妳曾傷痛到幾度想不開要自盡，但為什麼後來反而是在南普陀寺住持的開示下才看開的？這位老僧到底跟您說了些什麼？」我像偵探在

父親任縣議員照片。

破案般地抽絲剝繭，且不放棄對有趣話題的追問。

阿嬤今年如果還活著的話，已經超過一百二十多歲了，但你無法想像在她那個年代，女性別說讀書，光是要識幾個字都很困難，因為「女子無才便是德」是當時封建社會與男性沙文主義下給女性訂下的教條，要當個有德的女人是不需也不能有才華的，如果有的話，也要以藏拙方式表現，否則就是逾越了女性溫順賢淑的角色與分寸。而阿嬤相當幸運，她在曾氏的原生家庭，不但識字，而且還在私塾先生教導下讀完中國儒家的《四書》，所以她可隨時出口成章，並能閱讀報章雜誌；她的兄長是第一位剪掉辮子、並響應革新創辦學堂者，更嚴令其么妹（我的姨嬤）必須放足，不得再裹小腳。

因受阿嬤的影響，母親琴棋書畫也均有一手，尤其女紅方面。母女常浸淫於吟詩作對，提起南管北曲更是津津樂道。

記憶中，每逢中秋佳節，地方上的一些文人雅士及嘉賓（來自台南縣新營、後壁、白河、鹽水及北門一帶，還有台南市及嘉義，甚至專程自台北來的友人）就會聚集在我們家庭院，這些共聚一堂的舊友新知們，仲夏夜晚人人手中拿著一把棕櫚或

阿嬷（外祖母）坐在庭園一隅。

竹片葉編織的扇子，分批參加賞月活動。

首先最期待的，就是每年會固定開封暢飲母親精心釀製的幾大甕香醇紅肉李子酒，大口開懷品嚐阿嬷親烹搗揉，不但有咬勁且十分滑順的糯米麻糬，分別沾花生糖粉及黑芝麻，還有莊農們紛紛送來綿密香甜，堆積如山的正統麻豆文旦。此外，傳統的月餅更是不能少，一面欣賞由四、五位專業成員組成的南管演奏，等月亮露面高掛時分，則酒後詩興起，詩友們就會正式進入詩的主題，各持事先準備好的紙燈籠及蠟燭插在竹筒座上，飄搖浪漫的燭光下，盡情揮灑著個人的文思，再將寫好的詩籤由書法家執筆寫在紅紙上，然後一一吊掛在圍牆上接受彼此的賞評。從七言詩對到談古論今等餘興節目，總是持續到深夜……。

大概自小耳濡目染，多少受到些許薰陶的緣故，以致於影響我後來熱衷於寫詩、寫歌詞及推廣台灣戲曲。後來母親更拋磚引玉，建議我把吟詩的活動帶入公益團體中，讓每年中秋節清寒單親的親子活動變得更有意義，並分別聘請像楊青矗及韓學宏等教授針對詩詞及台語文作專題演講；而前三年的吟詩活動，都由母親她老人家充當焚香、請詩仙下凡助興的開典儀式主角。

阿嬤的一生因其雍容大度和明智頗受人敬重，在我印象中能超越她者不多，所以才會對能影響她想法、並改變其行為的「人」特別感興趣。

阿嬤大概也已洞悉我浮躁的本意，笑著跟我共同拉回主題：「當時的我真是痛不欲生，覺得活下去沒有意義，乾脆出家算了，可是又割捨不下妳母親……當時別說是佛堂，我連天主教、基督教，包括回教的清真寺都去了，在自我沉澱了一段時間後，一天在友人相偕下，又前往南普陀寺走走，因妳的外曾祖母（阿嬤的婆婆）生前是該寺最大的贊助者之一，在住持特別感念下，請我到膳房去吃素齋。坐下後，住持第一句話就問我：『施主近況可好？』我只能在哀戚中勉強提起精神，用『看山不是山，看水不是水』的心境來形容，住持聽完，緩緩地舉杯，以茶代酒，並語意深遠地對我說：『施主，哪天等妳已覺得看山仍是山，看水仍是水的時候，我將在此再以今日同樣的素齋恭候。』」故事經過就是這樣，而阿嬤與大師間的禪機，不知讀者您是否也能領會其中一二？

阿嬤的金玉智慧

話說阿嬤對於我母親賭博一事，除非太過分賭到三更半夜或天亮方歸的情況下，站在她是母親的立場，不能不與家父（也就是她的女婿）一鼻孔出氣外，阿嬤的骨架是舊的，但腦袋卻相當開明。她簡單明瞭的原則就是——人難免會有嗜好，但要「自愛」而凡事「禮不可廢」，逾越或無知均是忌諱。

據說在中國閩南沿海一帶的婦道人家閒來無事，由於絕大多數的男人不是常年出海捕魚，就是冒險移民到呂宋一帶（現今菲律賓、馬來西亞等東南亞地區）發展，所以婦道人家經常是處在婚姻生活的空窗期，除非大小漁船豐收入港的季節，開始忙著剝蚵補網外，否則平時左鄰右舍唯一能做的不是下田、串門子，就是學做女紅。而閒來無聊、大家湊玩四色牌作為娛樂消遣和打發時間，也算類似守活寡的漁家村姑們精神上的寄託。

阿嬤因嫁入豪門，屬於不能拋頭露面且足不出戶的有產階級。但由於她是握有實權的長媳，且公公經年雲遊四海，婆婆又皈依佛門，長年住在庵寺；丈夫早喪，閨房裡閒來無聊，偶爾也會放下帳房與妯娌們聚在一起打打小牌，也算聯誼與籠絡人際關係的社交，所以她從年輕就學會打四色牌。

阿嬤常道：「家是土，祖先是根，父母是樹，而子女是枝，孫兒們則是葉，一旦樹大就得分枝！」所以當我們長大後，雖然紛紛離開南部新營老家到北部求學和發展，但每逢假期就會想辦法、甚至搭火車擠站票，隨著慢車慵懶搖晃和疲憊的顛簸，經常一站就是十多個小時，即使站得腰痠腳麻，歸心似箭的情緒，只要想到能早點見到家中那三尊「老公仔標」（民間供奉的三尊福、祿、壽神，在此用來比喻阿嬤、父親、母親三老），縱然只是小住幾日或僅過一夜，也溢漾著擁抱親情的幸福感。

我上有一相隔五歲的兄長，他出生在中國廈門的鼓浪嶼，我則出生在台灣台南縣的新營，阿嬤和雙親曾因婚後只產一子外，隔了好幾年，母親肚子均無動靜而乾著急，結果問神卜卦、綜合得到一個結論，就是家兄命帶貴，可官居翰林（家兄黃越欽的確曾任教授，監察委員及大法官），沒有人敢投胎在他下面，除非是命大或女兒（此乃性別歧視也），否則非病即夭。雖說不可迷信，但有時又不能不信。果然根據三老口述家史，我一出生就病得東倒西歪，幾乎快散盡母親從中國帶來整箱黃澄澄的金條，才救回我這條小命。

話說要槍斃親日分子黃媽典那天，我剛出生滿月不久，可是健康情況卻非常危急，整個人病懨懨，不是百日咳，就是急性支氣管炎，上吐下瀉更是家常便飯，搞得全家烏煙瘴氣，不知該如何面對，眼看束手無策到幾乎就打算放棄了。

剛巧這一天，有位被列入雖非屬於流氓管訓的範圍，但卻需有人擔保且是警方隨傳隨到的地方人士，他的名字叫「漂泊仔」——他在父親的擔保下，其行動才得以自由。父親曾幽默道：「紳士是人，流氓也是人，你不知道哪天紳士會變流氓，而流氓講起義氣、付諸行動往往又勝過紳士的『空嘴嚼舌』。」——適逢路過我家門口，順便探頭進來打個招呼，意外地發現我病得快不行了，於是二話不說，火速就去找來一位戰敗後尚未返回日本、名叫三江的老醫生，陪他一起坐著三輪車來出診。這位三江老醫生到家看完我的病症後，搖了搖頭，苦笑地跟父母親說：「希望不大，反正要槍斃黃媽典的時間也快到了，而且警報笛已拉，我也走不出去了，不妨就死馬當活馬醫吧！我再給她打兩針特效藥拚一拚，救得回來是天意，救不回來你們就自己看著辦吧！」

聽完醫生的話，母親抱起我那奄奄一息又軟趴趴的身體放聲大哭，連父親的眼眶也紅了。依台灣當時的習俗，嬰兒死了不是放荒郊野外餵野狗，就是用草蓆簡單包裹屍體隨便埋了，可是父母親因不捨，而決定釘口小棺木，準備給我辦後事。但也許我命中有貴人，醫生打完針的同時，也開了「死亡證明」交給父親，卻沒想到大約過了半個小時的光景，我居然奇蹟似地被救了回來。

至今女兒們都好奇為什麼我長了一雙小腳？不知是否跟我幼兒時身體虛弱，總是被大人抱著直到四歲才會站穩腳步走路有關。但我被搶救回來的這件事，的確也印證了阿嬤說的救人救己——父母親救了當流氓的漂泊叔，而他則帶醫生來救我。

與父母親晚年閒聊中，他們也坦承我這一生雖然勞碌，但終究還是個能為別人帶來福氣的善星，至少因為我出生後，就為黃家帶來一大串的弟妹（我除了上有一兄長外，以下共有四個弟弟、兩個妹妹），母親開玩笑說，如果墮胎或流產的雙胞胎也算，整整有一打。總之，親戚和鄰居是最沒得選擇，就算是前世因果吧！

我虛長大妹五歲、小妹十四歲，雖說姊妹情深，但三姊妹平日都忙，也不易集體行動，因此只要誰能抽空回老家，彼此都會主動邀阿嬤玩一把四色牌，一面玩，一面聊家常，好像冥冥中註定，只有回老家才有機會把失散多年的手足音訊全給補足，現在回想起來，這份親情是何等可貴啊！

記得有次偕大妹一同南下替父親祝壽，難得三代母女同濟一堂（阿嬤、母親、大妹及我）又能湊成牌局，當然就此開仗囉！台灣俗稱四色牌為「十胡」（共分綠、黃、紅、白四色，玩法與麻將類同，有吃局、全碰、孤支贏等算法，而牌面則採象棋的「帥、仕、相、俥、傌、炮」及「將、士、象、車、馬、包」兩系列，其中較特別的是抽牌，抽到「將」與「帥」都算一胡，而且統一發閩南語「君」（ㄍㄨㄣ）的音）。玩四色牌有個不成文的規定，只要是抽到「將」或「帥」時，都得喊出來讓其他牌友知道，不曉得是怕詐胡，還是為了要炫耀自己摸到好牌，此規矩不得而知。

偏偏阿嬤那天手氣特別好，左抽一張「將」，右又抽到「帥」，一下子叫「君」來，一下子又喊「君」去，贏得好不春風得意，但卻也因此惹毛了老胡不到牌的大妹，出其不意地用其一貫喜歡促狹戲弄阿嬤的頑皮口吻，故作不服氣狀地對阿嬤酸溜溜地說：「哎約，阿嬤妳都這把年紀了，大白天還好意思在我們這些晚輩面前左一句「君」長，右一句「君」短，難道袂歹勢（不害臊）？」只見阿嬤正為抓了一手好牌而喜孜孜，故作正經狀繼續抽牌不想理會，但禁不起大妹一再挑釁，於是幽幽地答腔道：「奇怪啦！妳這位結了婚有君伴的人，豈能限制阮無君的人不能思君？不必囉唆，快叫「恁君」（你的丈夫）來納錢（付錢）。」

話才一出口，連阿嬤自己也忍不住不好意思地噗嗤笑出，反而一向伶牙俐齒的大妹頓時尷尬語塞。三代女人呵呵笑成一團，又是個令人難忘的溫馨午後，陽光串連了四個女人的稚心，流露出真情之餘，也舒暢了老宅的筋骨。那年阿嬤已近八十歲，銀髮斑斑，而母親也六十多歲，開始長出白髮了。

有一天，當我把這個老掉牙的故事轉述給小妹分享時，她突然傷感哽咽地說：「其實外婆為咱黃家犧牲奉獻最多，也從不討人情，也許我們都太年輕不懂事，反而疏忽了對她的細心關照……」原來小妹的有感而發是另有所指，因為去年母親才剛過世，小妹特別在母親的棺木裡多放了一副麻將。但阿嬤去世時，卻沒有人記得應給她送上一副四色牌。

我只好幽她一默說：「別太介意啦！阿嬤又不像媽那麼好賭。」

以賭「搏感情」

說到母親與賭有關的，還有幾件趣事可以順便誌之。

這是與家兄有關的陳年往事，時間發生在他念初中，正值青少年叛逆的年齡，而我則還在念國小；由於那段期間母親沉迷賭博，經常早出晚歸，將阿嬤及父親的規勸與責難全然當作耳邊風，而全家的氣氛更經常呈現在隨時都有暴風雨來襲的低氣壓狀態，兒女們對母親的行徑更日漸產生反感。

突然有一天，年輕氣盛的大哥終於再也忍不住，衝動地當面跟母親提出抗議，並警告母親假如再如此執迷不悟的話，將會報警去抓賭，當眾給她難堪。而母親當下除了狠狠地回馬槍，撂下一句：「你有膽給我試試看！」臉色鐵青、氣憤到說不出話來。

不幸的預言終究還是發生了。不久後的某天下午，母親氣急敗壞地從外面快步衝進家門，臉色凝重、神情嚴肅且氣呼呼地直朝著父親發飆，以顫抖中帶著極憤怒與絕望的口吻，道出事發的原委，並要求父親一定得替她出口氣才行。阿嬤和父親聽完母親娓娓道來後，兩人除了面面相覷，幾乎同時作出一個不敢置信、但又心照不宣的奇怪表情，只能用「五味雜陳」來形容。

此突發事件的內容——原來是大哥真的在對母親提出警告後，就一聲不響地跟蹤母親到其經常打牌的地方，既無打草驚蛇，也沒有跟任何長輩商量的情況下，正式報了警。時空的變遷經常超乎人的想像，而文明的開放似乎也非順著潮流不可，今日在台灣居然可以透過媒體，公開招兵買馬舉行麻將巡迴公開賽，並著手地方公投解決澎湖地區的博奕主張。但在當年一黨專政戒嚴下，除了政府特權分子及某些官商勾結的掮客外，民間小老百姓則連打個家庭衛生麻將也算犯法，警察除了必須經常巡邏取締一些聚賭的場所外，只要有人報案也得出面處理。

母親在一九四六年由中國到台灣後，占了被當時的國民黨統治者同列為「高級外省人」的優勢，加上她個人條件及學歷均不差，在當時施行警教合一的政策下，母親不但任過教師也當過警察。

因有此淵源，所以與地方警界的高層關係相當好，加上父親那時雖是無黨籍人士，卻頗受一些留日的本土菁英及知識分子青睞與支持，有意被推舉以無黨籍身分參選民代，國民黨當然也不能等閒視之。雖然父親一生行事風格低調到我們姊妹常開他玩笑，說他是現今「宅男」一詞的開山元老，但當時地方上只要提起父親的名字，還是響亮的；再說母親雖然愛打牌，既非職業賭徒，又沒在外欠人

母親一生當過老師與警察，
故照相合成以茲紀念。

任何賭債，更不是開賭場抽頭，所以阿嬤和父親埋怨歸埋怨，基於愛屋及烏，只好睜一隻眼閉一隻眼，當母親的打牌應酬也是在建立公關的另類娛樂。只是萬萬沒想到，後來居然在自己兒子的反彈之下，報警來抓賭，母親簡直氣瘋了，不敢相信自己竟會生出這麼一個跟她公然造反的逆子來，令她在牌友面前幾乎顏面盡失。

而整個故事最令人莞爾的地方，是那位基層員警依通報地址前往抓賭的結果，不但抓不成，反而差點嚇出屎來。原來正在屋內打牌的人，除了母親和另一位民代夫人外，其他兩位男士均是高階公務員，其中一位更是他的直屬長官，位階督察。

事件的後續發展，當然是不了了之，官僚照樣囂張與墮落，母親依舊逍遙地打她的牌。倒是我記得就在父親懾於母親淫威要脅之下，大哥被父親痛打了一頓，印象中，他當時的神情彷彿自己是正義之士，就要從容就義，而在伏法前還不忘一面忍痛，一面高聲疾呼著：「我一定要去告那個督察瀆職，也告那位員警包庇……」他少年煩惱的吶喊終究被劃時代的顢頇給湮滅了，但卻也無形中造就了日後獲得法學博士的成就。

此事過後，有好一陣子母親和大哥的親子關係降到冰點。依母親的個性，當然不可能會向兒子低頭，但從此減少了賭博的次數，也算是給了家人正面的回應。

直到有一天，大哥有位綽號叫邱哥的好同學，他的母親（也是母親牌桌上的舊識）因為在賭場玩「十胡」（四色牌）時被抓，關進了警局的拘留所，邱哥慌張地跑來求救，希望能透過大哥的關係請母親出面，將其母親保釋出來。爾後也因為大哥開口請託，讓母親做了個順水人情，母子彼此也藉機盡釋前嫌。

但我為什麼要把這件不太相干的故事順便提出來回鍋一下？因為當母親趕去派出所時，早已過了下班時間，所以要辦保釋手續，再快也得等到隔天早上。而就在母親要離開警局時，邱哥的母親卻很慎重地在她耳邊放低聲音、嘀嘀咕咕地交代個不停。果然回到家裡後，母親立刻挑了一、兩件自己的衣服送到警局，先讓對方可以夜宿替換用。

隔日一大清早，母親就焦急地陪邱哥來到警局，準備保其母親出來，結果當他們快步踏進派出所，竟撞見一幅令他們傻眼的景象——原以為邱哥的母親想必是蓬頭垢面或一臉憂愁，至少也會面露倦容或睏意才是，豈曉得當看到已在拘留所過了漫長一夜困頓的母親，居然正興致勃勃且生龍活虎般地蹲坐在靠近被關的鐵欄杆邊，教起以同樣姿勢蹲坐，卻在欄杆外的員警和工友們，彼此中間還隔著鐵欄杆，就這樣一來一往地玩起四色牌，完全忘記她是犯人的身分，更漠視了我母親與她兒子的不安情緒。邱哥幾乎是用著相當無奈的口吻埋怨著：「早知如此，就不用急著來保釋，讓她多關幾天算了！只是我納悶，當賭場被抄時，不是所有的賭具都被沒收了嗎？我媽她怎麼還能夠把四色牌帶進拘留所?!」

看著一直搖頭不解的邱哥，我母親噤聲不語，她大概永遠也無法對邱哥坦承：「是因為你母親怕徹夜坐監會無聊，要求我偷塞一副牌，放在換洗的衣服中給她的。」倒是那幾位也玩得正起勁的值班員警一看有家人要來保釋，馬上尷尬地從地上站了起來，並且立即判若兩人，打起官腔辦起公來，好像得了失憶症似地完全不承認有剛才那一幕官兵捉賊，賊卻教官兵如何當賊的鬧劇。

爾後母親再提到這件事，除了用揶揄的口氣暗諷，比起邱哥母親之荒唐，家人對她賭博的批判，實在用不著過於嚴苛或大驚小怪；同時她對邱哥母親的某些歪理倒給予正面肯定，因為趁保釋後回家的途中，母親不禁也好奇問她：「妳為什麼要刻意帶賭牌進拘留所？」邱哥的母親居然回答：「哎喲！這些警員才剛從學校畢業，有的年紀還都比我大兒子小，他們只是抓個人交差，不是真的會對我這老太婆怎麼樣啦！我教他們玩牌真正體驗後，他們才懂得什麼叫四色牌，當官的要了解民情才行嘛！而且一回生二回熟，反正見面三分情，下次再碰到他們會先抓別人！」

現今，在這種小人物的狂想曲中，帶著濃郁人情味的故事或許令人不可思議，也不太可能發生；但在那個民風樸實、人與人之間充滿信任與溫馨的年代裡，法外也有人情的動感鏡頭，還是值得去捕捉留影的。

模範母親頒獎事件

至於發生在我個人身上與母親賭博有關的事情，則是在一九八九年（民國七十八年）邱創煥擔任台灣省主席，母親被選為模範母親，當地廣播電台要針對她如何教養子女成功的一些祕訣與看法等做個專輯，母親信任我，認為我口條好、較穩健，比起要她親自面對媒體，還不如由我出面應對較為上策；況且「知母莫若女」。

於是我用幽默方式，很坦率地告訴電台記者說：「我個人實在不是很贊成選什麼模範母親或選美，雖然家母已雀屏中選，但我還是很主觀地認為，能被選中的母親中有不少是因具有『母以子貴』的背景，所以模範母親的選拔可說是另類封建復辟與錦上添花的矯情活動，每個家庭既然都是個別獨立的單位，而每位母親也都有其獨特的看法與作法來教育其子女；且教育本質既是有教無類，那麼母親的角色哪來模範的標準？更不應被物化地拿母親的角色出來作特定模式的評比，再平凡不過的母親，在其子女心目中，也都應是值得驕傲與感恩的對象。」

為了突顯對此議題批判的意義，當記者問及母親對子女的教育成果及我個人的看法時，我更坦率地告白：「在子女的成長過程中，如果母親的教導也被公認為是種成就的話，恐怕真的要感謝我母親的牌品不好，牌技更差，導致打牌輸了情緒不好，回來就會找碴，並更嚴格地檢查我們的功課作為發洩。因為孩子多，所以母親在管教上一向採用『連坐法』，只要有一人犯錯就得全體負責，害得大家必須戰戰兢兢地彼此相互照應，形成命運共同體。」

「由於大哥常與同學外出，於是『蜀中無大將，廖化作先鋒』，當大姊的我就必須負起長姊如母的替代角色，雖然備感壓力，卻也因此訓練大家如何在團隊中不能當害群之馬，又能保有獨立自主揮灑的空間。當然母親立下的陋規不少，但其中也有些以前頗不以為然的規矩，至今反而讓我們在教育自己的下一代時仍能受用。」

「而最重要的一點是，母親總會讓自己在傳統的角色中突破，而且也不會太委屈自己，她會挪出些空間，讓自己成長與進步。她跟年輕人及子女間也沒有太大的距離，她既不活在一味為丈夫、兒女犧牲的悲情世界，相對地，她也不屑扮演終日不是在數落公婆如何欺侮自己，就是埋怨兒媳們不孝的怨婦。」

「她一直能活出自己，是舊時代新女性的典範！她深信『讀萬卷書，不如行萬里路』不但興趣層面廣又酷愛旅遊，無論國內外，旅遊團中多半是夫妻結伴成行，卻因父親不熱衷遊山玩水，幾乎很少陪她同行，但母親也能自得其樂，甘

母親找大妹越靖陪她領模範母親獎。

之如飴。是位既開朗又樂觀的進取者，尤其後來面對父親事業危機、退出政壇後，家境一落千丈，甚至負債累累的情況下，母親更是洗盡鉛華，完全把曾是貴夫人的身分拋諸腦後，開始找工作當起業務員，上山下海，勇敢地面對生活的一切。所以對於母親能擁有自己賭博的嗜好，但又不影響完成對子女教育的責任，才是令人折服的地方。」

以上大致是我接受電台的訪問內容扼要。回家後，母親有點緊張又有點興奮與期待地問我訪問結果如何？我當然據實以告，但沒想到母親聽完臉色驟變，並用少見的嚴厲口氣責怪我，怎麼可以在明天即將要對全國聯播的節目中說她賭博這件事？會賭博的人都可以當上模範母親，政府豈不是自打嘴巴？也會給社會造成不良的觀感。

總之，她彷如青天霹靂地挨了一記悶棍，整個情緒開始陷入焦慮，並低落到食不下嚥、睡不安寢的谷底，卻又找不到亡羊補牢的良方。與其獨自煩惱，不如找人來商量或解危，於是開口向大妹抱怨起她對我發言的不當與失望，當然更希望能獲得對方給予同仇敵愾的同理心。

大妹當下也十分訝異與不解一向英明的我，怎麼會意外演出這幕老將跌落馬下的荒腔走板之戲碼，難道要逼母親臨陣逃脫不去領獎不成？她當然也跟母親一樣地感到不妥，並為母親叫屈，我則篤定地安慰她：「放心啦！記者回去聽訪談的錄音帶後，一定會覺得我的坦白雖可笑，但卻也道出事實，他們電台更清楚什麼能播什麼不能播，在這個矯情的社會裡，就算我有勇氣道出事實與真相，他們的主管也一定不願得罪主辦單位，否則廣告及補助款一定會被抽掉或砍掉，豈不賠了夫人又折兵，何苦來哉？所以我敢保證，關於母親賭博的那段，一定會主動被切掉並消音，不信我們可以打賭。」

果然不出所料，隔日電台節目播出時，對母親歌功頌德的相關內容都在，唯獨漏掉打牌的那一段。母親聽完後，終於鬆了口氣！但我從此卻失去了當她代言人的榮幸，連她後續參加在台中省府舉辦的全國模範母親的頒獎典禮，也只請大妹陪她去，免得又節外生枝。

母親的這件事，讓我想起十年前在台北某電台主持節目時，有位當公娼的單親媽媽，她辛苦地用著賣笑賣皮肉賺來的錢，好不容易供其孩子念到大學，可是孩子卻拒絕這位母親去參加他的畢業典禮，因為他認為母親的行為是卑賤可恥和不可原諒的。當這位單親媽媽委屈地跑來跟我哭訴這件事後，我曾透過電台廣播，公開呼籲這位迷惘的年輕人，首先要認清職業不分貴賤，性交易也許不值得鼓勵，但也不應該被拿來作階級與性別的歧視；而她在撫養子女及給予受教權所做的努力應受到同樣的尊重，不該因她是個公娼就被打折扣。

社會因不夠文明才會有偏見與歧視，而為人子女是受惠者，更應體諒與感恩母親的犧牲與奉獻，豈可用世俗的標準來踐踏生你育你的母親？別人或許因無知而歧視她，唯獨你身為人子者沒有資格，因為你無價的生命是來自她冒分娩危險的代價，而你的成長過程是她委屈未必能成全的一部血淚史。我在節目中甚至苛責他是個高學歷低ＥＱ的混帳東西，最好閃遠一點，別讓我有機會當面對他唾棄……等，我還記得這年輕人名叫阿德。

結果幾個星期後，我意外收到他的一封信，函中表示他要由衷地感謝我把他自己因無知而套在身上數十年，嚴重扭曲與錯誤的價值觀，其道德偏激認知的枷鎖和腐蝕生鏽的親情心鎖，終於一併震撼地全給打開了，字裡行間還強調，由於他的虛榮與偽善加重了他的盲目，導致他在對母親長期的蔑視與仇視下，把母親當「賤貨」，從未用正眼或由衷地瞧過她。當他覺醒後，重新換個角度，以懺悔和感恩的心來審視母親，才發現他母親真的很美很美，美得連隱約藏在髮根的幾許白髮都亮出慈光。

生命盡頭難論英雄

台灣何時才能成為一個不須用過度包裝，也不必太過矯情，更能讓在這塊土地上生活的每個人都能活得自然又自在，且每個人都能獲得應有的平等對待與尊重的公義民主社會？

在開放的資本主義國度裡，政府核准博奕的公開化是種潮流，也屬娛樂範圍選項的擴大，而且還可增添觀光景點；民主開放的社會與其用道德高壓，不如設置權宜的法令規範，導其邁向正常化。人性總是一體兩面，有其光明就有陰暗面，博奕一旦開放，的確會同時帶來不少社會負面問題與後遺症，因完整的配套與有效管理是政府責無旁貸的義務，否則歇了公娼的營業，卻管不了私娼的氾濫；禁止民間設賭場，政府卻帶頭當莊家發行彩券，而且還美其名是「公益」，但卻常被移花接木用在其他預算上。

對時政發了這麼多牢騷，跟母親的賭博又有什麼直接關係？當然有！因為在台灣有個順口溜叫：「上有政策，下有對策。」而「計畫又往往趕不上變化」、

「變化更不及老板的一句話」，政府徒有龐大的官僚體系，但考察民情的敏銳度與行動力又往往走得比民間企業或百姓慢好幾拍。一九九八年（民國八十七年），台灣民間吹起一股「大家樂」的賭風，幾乎比任何颶風更厲害，而下注的賭金更令人咋舌，幾乎簽大家樂已成了全民運動，卻也同時帶來不少家破人亡的人間慘劇。

有一天，我上班時突然接到母親的電話。父母親一向很少主動打電話給遠方的兒女們，除非有急事。一則老人家為了省錢不浪費，二則認同「No news is good news.」（平安就是福），所以我心頭不禁緊張起來，趕忙急問到底發生什麼事。母親在電話那頭毫無掩飾，直截了當地說：「妳也了解我是個愛面子的人，而且又是屬於輸人不輸陣，輸陣就歹看面的不服輸個性，我周遭的朋友個個都有明牌可報，而我們家有博士、碩士，又有教授和名嘴，結果我卻連一張牌也報不出來，今天下午就要開獎了，妳好歹也去要幾張明牌來報給我簽，知道嗎？」我聽完真是好氣又好笑，至少已知道他們二老是平安的，但作夢也沒想到母親居然專程來電向我討簽賭「大家樂」的號碼。雖拗不過老人家頑童的心態，但想到母親除了麻將、四色牌外，居然趕流行，連大家樂也來摻一腳，真想大不敬地回她一句：「狗改不了吃屎。」於是我沒好氣地回道：「唉！媽，我哪有什麼明牌可報啦，請您不要跟您那些朋友起鬨、三八了好不好！」我話還沒講完，電話那頭的母親立刻喀嚓一聲，就把我電話掛斷了，留下我自己一臉茫然，開始有點失落又有些難過，更因剛才對母親的唐突及口出不遜而懊惱。

隔日愈想愈不對勁，於是一大清早就主動打電話回南部老家，想親自跟母親道歉。電話鈴響了好一陣子才有人接，但非母親本人，而是父親。我一夜輾轉難眠，想好原本要開場的話還沒來得派上用場，父親他老人家就先以輕快的口吻笑著說：「我和妳媽才打算打電話給妳，沒想到妳反而先打來了……」，我狐疑地試探著問他：「媽還好嗎？」父親竟用少見誇張的語氣說：「好噢！當然嘛好，簡直好到難以形容了，因為都虧妳昨天報給她的明牌，居然『黑矸仔裝豆油』（看不出來），令槓龜很久的她終於中了『特仔尾』，贏了好幾萬塊錢。她剛剛才出門要去跟組頭取錢，這下可託了妳的福，她等一下回來我就可吃紅了。」

這下我才恍然大悟，原來母親那陣子正熱衷著迷於大家樂的簽賭，可能經常槓龜，眼看他人頻頻中獎，而又迷信有明牌的內線交易，因此心裡頗不是滋味；加上在眾賭友慫恿及拱她的情況下，只好向我試探口風，豈曉得不但拿不到明牌，反而被我給潑了一大盆的冷水，依母親的個性，我昨天的態度鐵定讓她火冒三丈，甚至會跟我冷戰到底。但沒想到她昨日快速掛我電話，不是不爽，而是她寧可相信我罵她三八就是天意給了明牌，真的是已賭到見影就開槍的荒唐地步。但更離譜的是，我無心脫口而出的一句「三八」居然還真的中了獎。

事後與父親討論起這件趣事時，順便問父親，難道母親就不曾向他討過明牌？不問還好，問了反而惹來父親一陣尷尬的笑和一籮筐的糗事。原來有一次，他夢見一隻狗坐在我們家門口，醒來有些納悶地跟母親提起這件事，只見沒多久母親就一聲不響地出門去了，父親也不太在意。直到隔天六合彩開獎後，母親終於憋不住，冷冷地問了父親一句：「你昨天夢見的那隻狗有沒有看清楚是什麼顏色？」父親思索了一下，回道：「啊！我記起來了，是隻黑狗。」

父親說，當時的他若得了失憶症、記不起來，或乾脆不理會地保持沉默，將會有多好！因為當他說出他夢見的是一隻黑狗後，母親差點沒從椅子上彈跳起來，怒吼道：「你為什麼不早說？」父親一臉無辜，莫名其妙地反駁母親說：「妳又沒問我？」問題的癥結在於，當母親一大早就聽到父親夢見一隻狗時，暗忖此乃天機不可洩，但又怕父親會找碴，於是母親悄悄地出門去簽了1、9和19三號碼（一隻狗），豈曉得中獎的號碼中的確有「9」，但卻是「5和9」，非「19」，而「59」是台語「黑狗」諧音，難怪母親會飲恨啊！

又有一次回南部探親，在家裡閒著，順手替父母整理一下客廳，發現他們二老不曉得是因年紀大、記性差，所以才不把電話號碼收好到處亂放，我不禁跟父親嘮叨起來，結果父親笑著說：「唉！那些都不是電話號碼，是恁母仔簽六合彩的號碼。」剛送走大家樂，又來了六合彩，母親真的一路走來，始終如一。

更有一年，適逢母親八十歲生日，我特地在台北銀樓訂製了一串純黃金雕刻的長壽龜為她暖壽，並祝福她壽比玉山、福如太平洋，可是後來就不見母親戴它，而且也不知擱在哪兒，一直找不到答案。原來是龜在傳統上雖是代表壽的吉祥物，但對賭博的人卻是最忌諱的「槓龜」，嗜賭者的迷信真是五花八門到罄竹難書。

人類文明的進步，科技的發明扮演了重大的關鍵，而它的大原則大概就是以快、準、狠為本位，「快」是節省時間的浪費，而「狠」是一切以商業利益為考量，「準」則是精確地提供效率的策略，也因為一切講究效率中的效率，反而無形中切割了人類最原始人性化的感動。科技讓世界同步化，也讓人類更方便地邁向高齡化，到底是人追著科技跑，還是科技趕著人往前追，還是彼此繞著地球跑，結果最後發現不知為何而跑。因為畢竟又回到了原點，以前人與人見面為了說話，現在能用電話交談，人就不必見面了。

有次打電話回去問候、報平安，父親一個人落單地接起電話，問起母親在不在家，父親告訴我：「妳媽不在，她去加工廠上班了！」不會吧！母親都已七十多歲了，如不想含飴弄孫，至少也用不著為五斗米折腰，不是嗎？何苦來哉！於是脫口而出，責問父親：「媽年紀那麼大了，您幹嘛還讓媽去上班，您要反對才是啊！她到底是到什麼工廠？地點離家遠不遠？辛不辛苦？到底能賺幾個錢？」父親用著一貫平和的口氣一一答覆我的質詢：「這是妳媽她自己的意思，我也阻止不了，至於工廠嘛，有兩家，一家是紙工廠，另一家則是磚瓦廠，任由妳媽自

母親八十歲生日，應子孫要求
擺出「大尾」的姿勢。

己選，都是家庭式的，離咱家並不遠，用走的就會到，如果遇到加班，則也會有人為她接送，你們不用太擔心啦……」

緊張了半天，後來才搞清楚父親扎扎實實地幽了我一默，原來他指的是母親出去打牌了，有時打麻將（如疊磚塊），有時則打四色牌（牌是紙製的），自己想找牌搭會自動送上門，如果對方三缺一，就會派車來接送。

父母的行為是子女直接的仿效對象，因為孩子最先接觸、學習及影響的對象就是父母，在母親的身上，我們目睹了嗜賭者的刻板印象，讓我們在成長過程中，因她好賭的行為給子女找到不滿與叛逆的藉口；相對地，在這段空窗期，如果沒有其他長輩像阿嬤角色的填補及父親的支持與包容，我想我們兄弟姊妹的童年不僅是黑白無彩，恐怕還會是提著心碎與走樣的歲月踽行。

每個家都是一盞明燈，不論燈的材質是什麼，亮度有多強，只要全家人有心去維護它持續不斷地發光又發亮，家的意義自然就成全了每個人格上獨一無二的特質。父母親更像一面鏡子，似曾相識，但非必要照單翻版，照出順眼的地方加深印象，照不到陽光的那一面也不妨留著作為凹凸的借鏡。人生未走到盡頭，實在很難論英雄，縱使蓋棺定論也未必就是唯一可考的史記。

幽默家風多歡樂

母親中年的嗜賭帶給我們子女的影響應分兩個層面：一個是賭非原罪，但嗜賭變質，會產生很多親職關係上的負面衝擊，對正需要母愛關心的子女們而言，是種慈愛純度的流失，與對母親角色的不信任感。

在「愛與恨」的心理學上有此一說；「孩童時期因企求能成為得到母愛者，長大以後往往會傾向追求理想的人，對於母親的心情，刺激了理想主義的投射。」在實際的驗證中則不難發現，我們兄弟姊妹彼此間是否情深另當別論，但事實證明，每個人找的結婚對象都以不嗜賭者為基本條件。

另一個層面的影響是由於耳濡目染，所以對於博奕不會像一般人當作是十惡不赦的禁忌來批判，而且每個人都會玩味一番，只是有母親的前車之鑑，讓我們懂得如何節制，適可而止地真正做到小賭怡情的界限。

對我而言，回憶起從小就常須背著更幼小或襁褓中的弟妹，不是到母親打牌的人家去讓她餵母奶，要不就是為催促母親回家吃晚飯而擺臉色給她看；至於和父親輪流等母親等到深夜，既不敢也不能關上大門，結果常處於一面等，一面打瞌睡的狀態，導致隔天上課精神陷入萎靡不振的窘境；更長年為此與母親爭論、批判到賭氣，甚至不惜演出要切割母女關係等戲碼。

等到年事已長，為人妻、為人母之後，方開始學習如何站在比較客觀的角度，跳脫親情的血脈關係，多花心思去讀或體會另一個不同時空與背景下的女人心情故事，竟是那麼地陌生，卻又如此這般地熟悉。

我開始嘗試著拋棄世俗的眼光，以及心裡底層壓抑埋藏的那些暗沉雜質的作祟，用同理心來反觀母親命運中的恩怨情仇，好讓母女每次的相聚都多了一份知音的相惜，也因此對日漸老態的母親更增添一份特權與寵愛的關照。不論別人眼中的母親曾是多麼地廢頹，對我而言，則堅持並鼓勵她不能放棄唯一能令她忘掉煩惱、較有把握且又能舒壓的賭博嗜好，甚至每次陪母親打牌還串通其他人一齊放水，贏得她老人家呵呵笑，好不得意地誇言道：「生了一堆博士、碩士和學士又有啥用？打牌還不是打輸我這個半桶師（非專業者）！」

反而是她老人家隨子女們各自成家立業，且社會地位與聲望水漲船高而心思退縮了。她私下不止一次跟我表示，她不想當黃家的歷史罪人，更不想讓外來的媳婦或女婿們，因她過去的行為而成為婚姻中攻擊兒子和女兒們的藉口與機會，我打趣地說：「媽您一生最不善於攻心計，為何會有此想法？您又不是用媳婦嫁妝或女婿的聘金去賭博的，擔什麼心？」母親一點也不含糊地回道：「這與心機無關，而是與身分的自尊有關。」話雖這麼說，但只要翻開舊相簿，隨手拈來就是一張張母親與子女或孫兒們一起打牌和「撿紅點」（撲克牌遊戲之一）的歷史見證。

父母親二老八十多歲的時候，子女絕大多數已定居台北或海外，二老雖有伴且南部氣候、人情味均佳，但在健康及照顧上總有鞭長莫及之難處。後來終於說服他們北上，並搬進台北縣淡水三芝鄉的雙連養老院，受到院方好友蔡芳文主任上下相當的禮遇與關照。除了平日的探訪外，家人及親友都會按月輪流去陪母親打麻將，也讓父親繼續抽頭（雖然每次抽的金額均不超過台幣五十元），即使她後來得了輕微的帕金森氏症，手會顫抖，打起牌來不太方便，但有隨侍在側的看護協助，仍然興致高且有期待；家人因她還能手腦並用，而暗自慶幸不已。

尤其農曆過年的除夕和初一，總會跟父母親在安養院一起歡度，而且我每年都會買一萬元的刮刮樂公益彩券，兩老每人一次五張，刮完再五張，這樣可以從初一讓他們至少開心到初五。返老還童是老人家的寫照一點不假，看他倆一面低著頭用心刮自己分配到的彩券，可是眼角卻不斷地在偷窺對方的戰果如何。

一開始他們就問我遊戲規則，是否只要他們刮中了獎，就可以直接跟我兌換現金？對我而言，買彩券是公益行為，而中獎的機會到底也不如預期大，因此若五張中只刮中一張，父母親就會彼此因挫折而洩氣，並開始抱怨我不應浪費這麼多錢去買彩券，直接折成現金分給他倆該有多好！但沒想到父親才剛抱怨完，母親就意外刮中了一張獎金五千元的彩券。當我拿出五千元現金給母親時，換我開玩笑地埋怨道：「喂，您們二老包贏不包輸，而且索錢比討債公司還積極，太過分也太貪心了吧！」

前一刻兩人還在爾虞我詐、互別苗頭，如今共同利益當頭，馬上就結盟且槍口一致對外，真是一對老奸巨猾，所以我打趣道：「爸媽您們二老，平時各據山頭派系鬥爭像民進黨，而一旦拿到利益分贓起來則像國民黨，但結合次要敵人來共同打擊主要敵人的作風，簡直跟共產黨沒兩樣。」

母親突然停止手中正在進行的刮刮樂，用著好奇的表情反問我：「妳數落了我們半天，請問大小姐，妳自己又是什麼黨？」我不假思索且用冷笑來回她：「像您們這對如此視錢如命加上心狠手辣的父母，能養出什麼樣的女兒？我當然是金光黨加黑手黨的結晶了。」一本來在一旁沉默的父親伸出援手，替母親接話：「唉！金光若遇到黑手黨，雙方絕對是你死我活殺得清潔溜溜，哪有結晶？我看妳真的不是我們的女兒，請把錢留下走人吧！」

幽默一直是咱家很特別的文化，幾乎每個孩子都具備了這項特質，真要由衷地感謝阿嬤、母親和父親的開朗、開放與民主，讓我們得以有進可攻退可守的緩衝空間，而在進退之間，衝突難免，但因空間大了，思維也就可以讓幽默有了發展與呈現的機會。

隨著體力不支，加上缺乏鬥志，就在母親離去世前的一、兩個月，我要安排牌局，邀家人及友人來陪她打牌時，她堅決地搖頭拒絕了，當下我心頭莫名重怦了一下，突然有股無奈且不祥的預感湧上心頭。母親的健康處於每況愈下的磨難中，令一向堅強勇敢的她心中有了譜，或許無能力放棄生命，但卻對人生已不抱太多希望及生活樂趣的期待，並私下不止一次跟我交代，若送急救，不氣切、不做無謂搶救，成了她老人家最後的期待。

所謂清官難斷家務事，何況事不關己，關己則亂。母親到底是全家共有的無價至寶，對於母親後期幾次進出急診室的健康狀況，家人都不太樂觀，心理上也有準備，於是我偶爾也會跟她老人家提一下對於其後事的看法。母親一向拜神明，主張用佛教或道教儀式，而我雖無特別宗教信仰，但因他們二老住在隸屬基督教長老教會的養老院，如果他們能感動改信基督教，用追思禮拜的告別儀式也不錯，照顧他們倆的印傭安妮甚至開玩笑說：「我實在很愛阿公跟阿嬤，建議信回教阿拉也不錯，將來我若老了，死後還可到天堂去照顧他們。」但由不得自己的人生總會出現陰錯陽差，母親的最後喪禮由小妹請來為她誦經的竟然是喇嘛。

期間有個小插曲，就是父母親住在養老院時，在中心蔡主任及穆牧師的感

母親八十誕辰與父親攝於新營老家。

召下也曾受洗，而那天剛好是假日，大妹、妹婿及好友們一起去探望，並建議陪母親打打麻將，結果母親不以為然地搖了搖頭說：「不好吧?!上午才拜上帝，下午就當魔鬼。」

大妹笑著跟媽說：「免歹勢啦，養老院中都還設有麻將間供老人家們娛樂用，上帝只管大事，不管衛生麻將這種小事的，不然打完再懺悔就好。」

母親的喪禮上由我寫的

台語文〈夢中花〉歌詞，借重王明哲兄作曲並錄成CD播放，充滿對母親深情的思念，並希望她老人家能一路好走。

夢中花（以下台語歌詞中「的」發音「e」）

提月亮的光
照思鄉的路
唱古早的歌
淋著相思雨
情是夢中花
花是心欲講的話
風吹花蕊飛
乍知花開有幾回
撥開雲中月
春將你來畫

阿嬤、母親和我三代女人，彼此間的情分都超過一甲子，就算不是情投意合的新同志，至少也都是可以預測對方招術的老敵人。最後一次跟母親談心時，她用著口齒十分不清、只有我才能意會的話逐字地對我交代，內容竟是：「妳老父不像我愛熱鬧朋友多，我若先走嘸通（不要）乎伊（讓他）一個人住……」

母親去世後，父親仍獨自與印籍看護繼續住在安養院，深怕父親喪失老伴，身心之痛難免會承受不了，於是我每星期都會去探望兩次。有一天，我去探望他老人家的時候，一向堅強理性的父親突然很感性地叫我與他並坐在床沿，然後嘆了口氣，一面用手指著牆壁上掛著的母親遺照，一面感慨地說道：「唉！我整天對著恁老母的相片相望，有話也不知從何說起，就算我說了她也不能再回應，更別說是鬥喙鼓（台語「鬥嘴」之意）了，我實在想不透為什麼我生了這麼一大群兒女，結果到頭來不但無法享受天倫之樂，反而被孤單地丟在這裡。」

我無法告訴九十二歲的父親，更不忍心刺激他，因身為長子的大哥在母親去世後半年，也不幸跟著離世，而他臨終前交代別讓父親知道真相；至於其他的弟妹均已各自成家，也都有各自的難處與不便，所以當下我立刻牽起父親蒼老的雙手緊緊地握住，並蹲在他面前——像童年的我那般——仰望著眼眶已濕的父親，我強顏歡笑中帶著撒嬌的口吻跟他說：「爸爸，您一定更要振作，媽才會放心，我接您來跟我住吧！不過我會給您幾天想清楚，因為一旦您決定住進警備總部，就插翅難飛了噢！」從此父親每個月都會在我住處抽空一、兩次，重返三芝去探望安養院的蔡主任、護理人員及老朋友們。

後來在母親逝世一週年前，父親有天突然告訴我他夢見了母親，於是我趁機跟父親提及母親生前對我有所交代，內容是關於要好好照顧他的那番話時，父親露出十分欣慰的微笑，點了點頭。父母親雖曾是怨偶一對，但好歹彼此也相忍近七十年，一切盡在不言中。

常聽到「子欲養而親不在」這般對親情的喟嘆，若不是發生在自己身上時，則有如隔靴搔癢；但當它發生在自己身上時，方覺為時已晚。就像有位朋友告訴我一個發生在她家人身上的故事——

她的弟弟不幸得了糖尿病，其母很疼愛他，特別關注其健康，更親自嚴格控管著他的飲食，尤其只要是有糖分的東西，幾乎完全碰不得（這也是對糖尿病缺乏正確知識的誤解）。

有一天，她弟弟幾乎是用哀求的口吻，痛苦地祈求母親說：「媽！我是如此地渴望，妳就讓我吃塊巧克力蛋糕吧！這樣我死也甘心。」她母親生氣地駁斥其弟不要亂講傻話，為了他的健康，她母親當然是絕不會妥協或讓步的；結果只隔兩天，她弟弟就猝死離世了，得年三十。她難過地告訴我，每次看到她母親在弟弟的祭日上，總會買個特大號的巧克力蛋糕祭拜時，她總會不自主地將眼光撇開或悄悄離開，因為她不想再給贖罪或內疚的母親任何壓力。

至於我，則是多麼希望母親能夠再活著，繼續更荒唐地賭下去，但事實是……人生遺憾多在來時路。

母親於二〇〇八年五月二十一日十一時仙逝，享年八十九歲，出殯的那天考量高齡父親情緒之起伏，只好強忍幾度快潰堤的淚水，一路都堅強地陪伴在他身旁。母親出殯的幡旗也由大妹代執，直到入殮要蓋棺的剎那間，終於忍不住，我的淚水潰堤了，嚎啕大哭中突然夾著太多的辛酸與不捨；母親雖屬高壽，但終究天人永隔，當一世母女情分劃下句點的鐘響，不知泉湧的淚水單純是為母親，還是為彼此而流。

我深深記得當小妹將一副麻將放進棺木時，我低下頭，隔著玻璃給媽媽一個最後親吻，並對她再三叮嚀道：「媽！您一定要贏噢！加油！」

「父亡路遠，母死路斷」是很多台灣結婚後的女性對後頭厝（娘家）貼切的寫照，母啊！思念您呀！敢問今後何處是娘家？

屋頂上的黃家三姊妹
與母親的合影。

第二部

女人花世代

想到阿嬤曾擁有可吃三代的一片大好江山，最後卻淪落到台灣寄居；母親也自建了獨棟獨戶的電梯豪宅，但晚年住進安養院。而自己在菲律賓時，美輪美奐的花園洋房今又何在？不是詛咒，也非基因遺傳，倒像是針和線把命運給穿透在一根細微的血脈裡，考驗其末梢神經的韌性。

娘家（後頭厝）

小庭園換裳
透天厝稱頭
街坊熟悉的鄉親
被新生代革命去
小閣樓兒時的記憶
隨風埋葬在藩籬
父親逝去的影像
拉長了回娘家的路途
母親出殯的割捨
疏離了手足的提攜

相背的牌位不相識
想多耽會兒撒個嬌
一不留神彷見
生前的娘掩門探頭
膽怯地揮手示意
莫須再回首
更見老爹不捨地附和著
走好
向前走

我的三個兒女中，排行老二的大女兒（Elisa）在母親去逝同年的九月，在夏威夷結婚，聖誕節左右回台灣台北國賓飯店宴客，婚後將隨夫婿定居加拿大魁北克省的蒙特婁市。當他倆去參拜完我母親的靈位後，女兒悄悄地說了一句相當貼心與欣慰的話，她說：「我跟阿嬤合掌默許請她安心，我一定會像您孝順阿嬤一樣地孝順您。」

隔年他們買了房子，邀我去探親時，她和洋女婿 Paolo 熱情好意地陪伴我到當地賭場去散心，看表演。

當我坐在我玩的吃角子老虎機前，剛好右邊有位頭髮灰白、身材圓滾滾、年約八十多歲的東方老太太，探頭好奇地問我如何玩法。見她的笑容似曾相識，恍惚中還以為是陪自己的母親到了賭場。倏忽間，我想起一件事，那就是母親今生玩過的賭具中，大概唯一還沒有玩過的就是吃角子老虎，於是我默默地對著吃角子老虎機的面板，也給自己許了個願——但願下輩子，咱們母女若有緣再共生，我一定要帶媽您去玩個夠。

思念像爬行啃食桑葉的蠶，不放過每一寸的咀嚼，正是午夜夢迴我對阿嬤和母親的心情寫照。

男人不懂女人心?!

大多數會找專業婚姻諮商者協助的，仍以女性居多。因此當有位男士來找諮商師協助，並請教要如何才能將其頭頂上的「綠帽子」（意指「妻子偷人」）給摘下來時，這位諮商師的回答竟是：「不妨多戴幾次，習慣就好。」

自從擔任「婚姻諮詢」的工作後，近二十多年來，在國內外不下千場的演講中，總會不自禁地提醒聽眾如何用異性的觀點來認識對方，唯有透過彼此間更多「了解」、「諒解」與「理解」，進一步「和解」，才能「合作」共創「和諧」的婚姻關係。

但可惜的是，近來的人際關係，尤其是親密的人際關係（包括伴侶、親子等），都過分強調如何利用表相或制式化溝通「技巧」來達到「雙贏」的目的，反而忽視了彼此心靈深層的共鳴，肯定衝突存在價值及如何解決衝突的管理。

當然這種能透過直接或間接的理性方式，讓人與人之間能敞開心扉，擺脫傳統封閉的主動或積極的態度，不再依附男尊女卑的刻板權威架構下，彼此學習與包容、平等互助的角色扮演，並共同經營婚姻，都是成長與進步。不過，由於女人和男人原本就不同，兩性在生理結構的差異，導致心理層面的影響與變化當然也不盡相同。

因此要建立兩性和諧關係的前提，有必要從了解彼此生理結構上的差異先著手，再進一步學習理解其生理元素與心理因素間所產生的關聯與發展。這就像開車是使用交通工具的手段，但為何「易學難精」？因為開車對很多人而言，是運用及使用現代化交通工具的專門技能，可是每部車子的性能和開車人的性格卻有其個別差異，你若一味地只相信自己有足夠的開車經驗，但卻從不試著去了解車子本身的特質與功能的話，就不容易面對突發事件，如拋錨或難以駕馭，導致事故頻頻發生。

雖然兩性的生理結構大同小異，但女人的一生幾乎都被荷爾蒙操控著，從髮根到腳尖無一倖免；男人雖然已確定其有愛女人的能力，卻仍不敢把握自己對女人的了解到底有多少。同樣地，女性又何嘗不是一生中都為愛情而迷惘，且總矛盾又弄不清楚自己真正的需求，也搞不定男人的生活邏輯與思考模式。

如果翻開一個所謂完整（不意味著就是幸福和圓滿）的女性成長史，其中女人一生中有三個階段的心路歷程，從男性成長的體驗、經驗和實驗中是檢驗不出有任何對女性能真正感同身受（同理心）的事實證明。

生物世界中有所謂的共棲現象（如菌類與藻類共棲，螞蟻與蚜蟲一起共生），因此，日本心理學家宮城音彌就指出人類的共同生活，其實也就是一種相互依賴的共生與共棲的趨勢與關係（包括夫妻、子女、社會成員的互動等）。

共同生活對正常人而言，有如空氣、食物、睡眠……是非常重要且必須的，同時也會產生企求共同生活的情緒，其中又以愛情的問題，成為人類生活的基礎和生活的背景，但也因為愛情問題無法用科學實驗或統計學來處理，所以，即使心理學在今日被稱為「行為科學」，但對愛與恨、嫉妒或歡喜與悲傷等也都無法做實驗，包括麥獨孤、佛洛伊德及其他一些學者，無不重視異常心理，也由此可見病理法的重要性。

女性第一個要跨越性別因生理所引起的情緒反應，就是面臨「月經」的生理變化。對於一個正常發育的女性而言，其不成熟的心智尚處在十一、二歲懵懵懂懂的孩童期，根本連自己身體內部五臟六腑器官的方位和功能都還無法分辨時，生理上卻被迫必須無怨無悔地開始扛起這份自然現象的生理變化，並得穿過漫長歲月的檢驗與考驗。

女性月經的週期因體質而異，從三、兩天到十幾天不等，其間日夜二十四小時都得戰戰兢兢地恭候其大駕光臨，下體不定時排卵出血的困擾已令人情緒不安，卻還得判讀月經來時流出的血液其色澤與量是否正常，從初潮不知所措的驚慌、害怕、羞澀、嚴陣以待，到完全接受並融入成常態生活的一部分，其接受的包容度與挑戰的韌性，唯有同是女性者才能引起共鳴，彼此點滴在心頭。

對絕大多數的男性而言，一提及女性的月事，除了在心理上寄予憐憫和同情，也會打問號，有所疑惑——「好奇怪噢！女人為什麼會有這些麻煩事？」或是「也只不過是排些沒有用的血罷了，又不會死人，而且又不是我害的，幹嘛每個月來一次就得鬧一次情緒啊！」男人無厘頭的忽視或藐視均可被理解，因為他先天不是女人，無法真正感同身受，但至少可以後天嘗試去探討與理解，可惜絕大部分的家庭教育、學校教育中的「性別平等教育」課程中，這一塊從未被嚴肅地提出來討論，導致男性們寧可去研究足球明星賽程中意外受傷而流血的原因，也沒興趣主動去了解身邊摯愛女性月經由來的故事。

女人通常在經期時會變得較情緒化，也不過是因生理困擾所帶來的症候群，希望當她生理上不舒服時，親密關係中的男性能適時給予一些溫暖的體貼與關照罷了。

記得有次在上性別關係的課程中，我分配給男性學員每人一片女性生理期使用的衛生棉，讓他們能感同身受地體驗一下。結果十位學員中，有九個半走起路來，簡直像極了痔瘡才剛開過刀的患者，不但無法自然又自在，簡直是彆扭、尷尬到不行。另外我還提出重賞內容如下：「只要有任何男性學員能從當下馬路上來來往往的行人中，正確地指認出那位女性正在處於經期中（當然停經的老嫗不在此限）就可以獲獎。」此懸賞至今仍無人領取，倒是多位上完課的男性肯定了切身的體驗，也能深刻地體會到男性對女性疼惜與包容的重要性。

女性第二個生理與心理備受壓力挑戰的項目就是「懷孕」，不孕者為了懷孕，把自己的身體獻上，當醫學界試驗的白老鼠，忍受著千瘡百孔的針扎與毫無性趣可言、更遑論幸福的快感。在婚姻的路上，時代再進步，但還是會有女性因不孕被貼上不完整女人的標籤而自卑；就算有懷孕能力的女性，也要為避孕措施充當醫學上另一組白老鼠，嘗試著各式各類的避孕藥與避孕器。而一旦不該懷孕的女性懷孕了，往往不是把胎兒當成不良產品，或不應出廠次級品採自行銷毀，就是害怕沒有產地證明的許可，背負名不正言不順的污名，對無辜的新生命而言，是完全不公平的。

在高度物化的社會裡，加上性氾濫及一夜情的正當性下，感官的刺激與情慾的飢渴，提早催化了病態的性關係，導致彼此忽視了性衝動前的避孕準備，以及性衝動後需面對現實的責任問題與其他後遺症。有不少男性在遇到女人墮胎、流產的問題時，往往也只以「不過又是另一個死不了人的醫療小手術罷了」看待，不但可置身事外，對某些浪蕩子而言，更是快速解決麻煩的手段。無法真正用心去理解躺在冰冷手術檯上，女人的身心也是帶著寒意，縱使流再多的淚水也洗不去內心世界對結束未曾謀面的小生命那份或多或少的憾意。

至於懷孕待產者，則更是任重而道遠。科技再發達，醫療再進步，總也有疏失和意外；一個母親之所以被歌功頌德，就在於女人是用她的生命搏鬥來換取另一條新生命的誕生，而這種與小生命由子宮中培育出來共生共棲的特殊愛情，是男性為人父者永遠無法真正體會與取代的。

早期上我「性別關係成長班」的男性學員，均曾被要求肚子前面硬塞進一個籃球或排球，做為孕婦角色扮演的體驗。有趣的是，一天的課程尚未完成，就有某男性學員主動很感慨地表示——孕婦真難為呀！他由衷願意用更謙卑的態度來重新檢視過去自以為是的性別關係，他的理由雖粗俗而可笑，卻也一語道破了許多男性學員對女性生理及心理上了解的欠缺，以及成長背景使然，他幽默地說：「女人真的太了不起了！我只是假設自己懷孕，而且肚子上裝的是替代嬰兒的籃球，但當我去上廁所時，如果不把球拿下來或推開到一邊去，還真無法掏出自己下面的東西來小便，更別說懷孕的女人子宮裡孕育的是攸關新生命的嬰兒……」

女性一生中的第三個生理挑戰關卡，則是自己或與丈夫好不容易地建立了家園，並牽手共渡無數悲歡離合的歲月與辛苦奮鬥的戰績，終於等到了可以喘口氣、休憩下來，好回顧這大半生緣分時，卻驀然發現——不但巢空了，長大的鳥兒展翅各自築巢去了，反觀自己，才發現原本豐潤結實的軀體也漸漸浮現健康危機，不是鬆弛就是癡肥，其他如失眠、眼花、頻尿、便祕、骨骼鬆弛、血糖及膽固醇過高，甚至免疫力失調等症狀紛紛像出清存貨般地出籠，更要面對這些疾病不定期強迫報到的挑戰。

「更年期」代表著女性生理機能正式老化的分水嶺，雖然少了每月經期帶來的負擔與煩惱，但相對地，大量荷爾蒙失衡的後遺症，卻像討債公司一樣從不手軟，猛然就會主動出現在自家門口，這種無法馬上釋懷的憂鬱與傷感，豈是男性或為人子女們所能體會？老化的侵蝕對女性而言，是最無情的化妝品。

有人說，女人只要認識一個男人，就能了解所有的男人，因為男人也由己出；而男人卻即使認識全天下的女人，卻不見得了解女人，因為他們對了解女人這件事就從未認真思考或行動過，真是如此？

結婚不是為了離婚

母親對婚姻觀自有其一套看法，她曾說：「婚姻像划船，要能同心協力最好，否則就是選擇不婚，好歹自己一個人划著船，載客或靠岸都可隨性；儘管看似孤單，卻擁有絕對的自由。再幸運的婚姻也總是一種牽絆，尤其一旦成家有了小孩，萬一對方不能配合或出了意外，另一方也絕不可輕言放棄，因為船上還有其他人還沒靠岸或找到目的地。」

她認為：「男人像風箏，總愛飄盪，因此要是拉扯不起來，風箏只是糊了漿的紙片，攤在那裡一點功能也沒有；但如果風箏起飛了，拉得太緊或太猛則線扯斷飛走了，要再找回來或恢復原狀不是完全不可能，就是會事倍功半，太辛苦了。」

老人家總是較嚴肅來看婚姻中的男女，否則依現代女性觀對丈夫看法是：「有用當作尪（丈夫），無用就當伊是捆工。」

所以當我要結婚時，問她老人家有沒有什麼撇步（絕招）或叮嚀要交代？她給我的建議竟是：「妳是聰明人，但聰明可不要反被聰明誤，人都很自私！男人女人雖然都一樣，但這個世界到目前為止，都還是由男人主掌的天下；好男人不容易找，找到了自己喜歡的就把他當好男人看待。婚姻中，相信對方未必就會幸福，但不相信對方只有讓自己更不幸；別當笨女人，老偷查或偷翻丈夫的口袋皮夾子，如果一個丈夫可以把外遇對象的照片或資訊放在皮夾裡，又能被老婆查到或抓到，不是這個男人太笨、連偷吃都不會擦嘴，就是這個男人太壞根本不在乎妳的存在與感受。

別輕言離婚，結婚不是為了離婚，更別動不動就要離家出走；戀愛兩人事，結婚兩家事。有了小孩子牽掛就更多了，既然走了還得再回來，又何必自討沒趣？壓抑不需要，但忍耐還是用得著。」

母親對於子女的管教一向從嚴，但由於愈生愈多，到了後來就有些力不從心，老大跟老么之間相差了十九歲，改由兄姊來替代父母的管教權，有如台灣諺語說的：「上司管下司，鋤頭管畚箕。」（層層授權）但在母親當上祖母及外祖母的角色後，「阿嬤」這個進階的身分，讓她在管教孫子輩的態度上有了一百八十度的轉變。

與其說母親有性別意識，倒不說是個性倔強，因為她並非女權的真正實踐者，像傳統禮教觀念中的重男輕女依然深植在她的心中。有時候，我也懷疑是否跟她父親早逝又無兄弟、另類心理上的投射有關？總之，她的八個子女所生出的孫女（兒）不分內外孫，她總會對每家的某一個「孫兒」特別偏心，且不依排序而定，完全是依母親個人好惡而定；最荒唐的是，她根本不在乎兒女及女婿、媳婦或其他孫子輩的批評或抗議，照樣我行我素。

有一次，我對她放縱孫兒輩們的荒唐行為，以及她過去對我們兒時的毒罵狠打，簡直不成對比提出質疑時，母親不但面不改色，還理直氣壯地跟我辯解及分析起來，她認為：「公嬤疼孫、寵孫是天經地義的角色賦予，而養育和教育則是你們作父母親的責任與工作，否則為什麼會以『含飴弄孫』來形容公嬤的心境，而卻以『子不教父母之過』作為角色檢驗的原則？你們自己要弄清楚，阿嬤跟母親角色不同、立場不同、想法和作風當然也會不同。」

這就是我的母親。

身為已經歷過以上這三個階段女人的我，有感而發地用花意寫了這首〈女人花世代〉，描寫女人的一生從出生到老去，歷經了幼、少、青、壯到老的心情故事。

女人花世代

她
衝破生命的
隧道
吶喊下蓮蒂
切割
芙蓉出水展
稚靨
襯托出
純潔

她
初嚐
染紅秋海棠的
靦腆
挽著怯步的早熟
像
幽谷中的蘭花草
羞澀搖曳著
憂鬱

她
捻下向日葵絨帽
沐浴在
玫瑰花瓣麗池

綻放
暈紅乳峰的
自戀
吐信子火鶴的
熱情
燃燒了心房
祕密花園徑中
播撒
愛情種子

她
左摟著
滿天星愛情誓言的
餘溫

右擁抱
為母康乃馨編織的
桂冠
搖籃曲中撿
幸福
薰衣草孕育了
雍華的牡丹
終不敵
秋楓桂香飄滿地

她
來回拾穗在
春桃臘梅路上
不經意地

俯視藤籃裡的
一片寂靜
任由思慕
憑空下墜
孤佇
鏡前的鬱金香
望穿淡泊的感傷
剔出自己
乾燥成束留作
壓箱

當我把曾登載在《文學台灣》第五十三期這篇〈女人花世代〉的詩，唸給八十五歲的母親聽，再將詩中的意境跟母親解析分享時，母親聽完微笑地稱讚我拿花來比喻女人階段性的生命力很寫實，也很傳神，但她眼神中卻也風清雲淡地掠過屬於她自己心靈的觸動！

千教萬教，誠心喜樂最重要

我自己育有一男二女，比起母親的五男三女以及阿嬤的獨生女，已深感滿足。我對子女教育方針與原則，大致上除了承襲了阿嬤、母親一脈相傳的，像「禮不可廢」、「待人如待己，不要有太大分別心，才會有慈悲心」、「不要討人情，開口討情就薄了」，以及「不識字可找人看，不識人則家伙去一半」等數不完的傳統家訓外，當然因時代的變遷，也增添了自己對民主、自由與人權觀念的重視，並希望能落實在子女的教育工作上。

譬如「信仰自由」，看似一種口號，但要真正身體力行，未必如想像中來得容易，因為一個人的宗教信仰，大部分都會受原生家庭的宗教觀影響，而且通常都是自小就被養成。

由於我結婚的對象是南洋呂宋（現今菲律賓）的華僑，所以三個孩子的出生地都在菲律賓首都馬尼拉，該國人民的信仰百分之八十五以上是天主教，所以大部分孩子出生後會接受洗禮儀式，或送去念教會學校，我雖具有入鄉隨俗且能落地生根的移民性格，但唯獨讓孩子們信教及洗禮這件事我沒有因此而妥協，從小學到中學的求學階段，孩子們難免會因班上同儕幾乎都有受洗，而不止一次地質疑我為什麼不讓他們也同樣接受洗禮，導致在學校中自己彷彿是異類，雖不至於受到排擠，總有些許不被認同的落寞。不論我的理由和解釋他們是否聽得懂，我就是繼續跟子女溝通，並堅持既定原則。

人生無常且多變，命運更非己力吶喊或抗爭，就可扭轉乾坤及完全掌控的，連智多星諸葛孔明都要喟嘆：時也、運也、命也！更何況是一般凡夫俗子。尤其當堅定的信念變成人生的價值觀，就會影響到生活的態度。不論是宗教、政治或各種意識型態……我希望能給子女擁有自主性的判斷及選擇的空間，因為每一次、每一種或每一階段的選擇，都是給他們自己學習和負責任的機會，而負責任是需要有判斷與能力的。

看過太多因為彼此宗教信仰的差異、政治立場或意識型態不同，所引起的爭辯、攻擊，甚至手足反目成仇、夫妻步上分手離異的不幸個案，所以我雖寬容子女有其來自同儕壓力而延伸出不解的疑惑與情緒上的不滿，但仍堅守立場要把信仰的選擇權留給他們成年後，自己再作抉擇。

我一向主張信念是種價值觀，也是值得投入與奉獻的執著，但不用無聊到拿香跟拜湊熱鬧。果然，等到孩子們歷經對宗教的好奇、探索、迷惑或迷信後，再超越了自我的矛盾、衝擊、調適與認同後，紛紛對我開放性的作法，以及給予他們相當自由與自主的空間而深表感激，因此，他們也學會用更寬容的心去接納種族的多元化與消弭性別、階級等歧視的偏見。

與其說阿嬤和母親是長年吃早齋的虔誠佛教徒，不如說是逢廟必拜、逢神必跪、卜卦抽籤和收驚……等民俗全都可派上用場的傳統道教信徒，而其根深柢固的信仰力量，讓她們的很多迷信作風，均可在其一句「信則誠，誠則靈」的精神感召下，完全自圓其說地將其合理化。

母親虔誠拜神禮佛的靈動力確也已到了可以「小神通」的地步，夢中得到啟示常被驗證，而預感也能變成現實（當然不準的次數也是不勝枚舉），也因此更讓她有當過菩薩代言人、濟公友人及關帝爺廟爐主的經驗。

事實上，阿嬤和母親長年吃早齋是為了大哥考大學時許的願，可見她們有多重男輕女，因為連我出生差點死掉，她們都沒想過要吃齋為我祈福。後來當大哥拿到博士學位後，弟妹們曾揶揄母親跟阿嬤說：「這下子您們是否打算要出家或吃全素了呢？」這時保持沉默以對，又成了她倆的專利。

小時候，我們被母親規定並嚴禁不可吃牛肉，理由是：來自印度的佛陀釋迦牟尼反對殺生，加上台灣的水牛終生都在為人耕田載貨且朝夕賣命，豈可食之？否則會因「不敬」而「歹運」遭天譴，嚇得我小時候每次隨母親到鄉下探望親戚時，汽車一經過農田，只要一看到水牛都會心存感激，十指合掌膜拜一番。直到上了初中才恍然大悟，原來吃牛肉是選擇題而非是非題，尤其五香牛肉乾的口感與咬勁更令人垂涎不已，但懾於母威只好偷偷在外面吃，怕在家吃她會以褻瀆神明治罪。

我生平第一次接觸到基督教，是隸屬於長老教會派系。父親那時已在台南縣新營鎮忠政里當里長，其小學老師來自後壁鄉的徐老先生，是長老教會的長老，經常會到家裡來傳福音，他們夫婦心裡明白影響不了父母親的信仰，就希望能從我們子女下手，因此每次一來，都會鼓舞我去教會做禮拜，理由是唯有「信耶穌才能得救」，但只要他們一走，阿嬤和母親就會不以為然地揶揄道：「基督教整天光說：神賜咱吃賜咱穿，但為何不賜咱欠錢嘸免還。」更嘲諷說：「信基督教，祖先死了無人哭」等，對他教充滿了誤解的批判。

儘管如此，我依舊無法抗拒到教會就可以領到精美外國卡片的誘惑，我和鄰居的小孩玩伴，還是會瞞著母親結伴一起去教會做禮拜，不僅聽不懂牧師講道的內容，更常常是在瞌睡中被聖歌驚醒，最期待的就是聽到信徒大家齊喊：「阿門！」一再唱首〈哈利露亞〉，這就表示禮拜的儀式將近結束了。當教友的聚會正式劃上休止符，我們小朋友就可排隊等領卡片，好回家跟家人或同學炫耀。

母親因宗教信仰不同，雖然偶爾會犯嘀咕，但對我們上教堂或偷吃牛肉乾的行為常能睜一隻眼閉一隻眼，但對於她個人敬鬼神燒香拜拜這件事，則十分在意，一點也不允許馬虎；尤其與無神論的父親幾乎每次拜拜，為了燒給神明的金紙（冥錢）到底要燒多少才算盡了心意就可吵個不休，且年紀愈老愈難妥協。

父親退休後，印象中每次母親都會請他騎腳踏車幫忙到特定的商品店，去買她拜拜要用的紙錢，而父親也都會樂意照辦，只是十次至少有八、九次父親買回來的數量，總會讓母親氣結。母親的結論是：「什麼錢都在花了，一年才一度的拜拜，為何要如此小氣？難道拜神只有保佑我，而你沒份？」而父親的理由是：「什麼叫一年才一度？從初一、十五、清明、端午、七月普渡、中秋、入冬、過年、送神、迎神，加上你家我家兩邊公媽（祖先）的生日忌，還有其他神明生日，再加上中途或另外又插花跑出來的擲爐主或陣頭、刈香……等廟會活動，恐怕都不止幾十次。敬鬼神誠意最重要，何況拿我陽間的真鈔去買陰間的偽鈔意義又何在？」

父親雖是個務實派，但母親也屬非省油的行動派，她懶得回應父親，一語不發。與其求人不如求自己，過沒多久時光，只見不甘示弱的母親滿頭大汗不說，在其肥臂的腋下挾著一個小錢包，但左右兩手卻各拎了一大疊的金紙，大步直直地往家裡走過來。而父親則抿著嘴偷笑，心想，反正只要不是我出錢，妳大小姐高興怎麼拜就拜吧！

我曾問母親要怎麼去判斷一家廟宇的好壞？母親以其經驗與我分享，她認為金碧輝煌的寺廟，若不是因有高僧住持而遠近馳名，就是因神明顯靈而信徒樂於捐獻與回饋；通常小廟裝不了大和尚，一定都會往上爬，到底和尚、尼姑也都是人。

因此要分辨這個宗教團體的好壞，不要光看其建築外表，也不要太在意住持的聲望，最重要的是要找機會去觀察那些在最低層工作的寺方人員，如果他（她）們的神情看起來是真的發自內心的一種喜樂，也就是能滿足、樂在工作中，那麼這家寺廟應該就算是好或正派的；否則如果基層的出家人臉上，不是滿面憂愁就是雙眉深鎖者，而且還是種普遍現象的話，那麼就不難證明這家廟宇的可信度？一位住持師父連自己身邊的人都無法關照，哪有什麼真正慈悲可言，更別提什麼弘法跟普渡眾生了。

信人有道，凡事看開

父親從小就提醒我們出社會要學習多聽少說，而且最好「逢人且說三分話，莫可全拋一片心」。但偏偏我是依個性走路，所以都是「逢人全拋一片心，受傷回來再抽心」，雖有點傻且容易被誤解，但卻適性而活得自在些。倒是「不識字可以找人看，但不識人家伙去一半」這句家訓，對一個國家領導或企業管理者，甚至是交往中的男女朋友都十分受用。

阿嬤對這句話的感觸尤其良深，當年她在中國接到來自台灣母親求援的電報，說其已懷了第二胎（即本人），希望阿嬤能到台灣來與她長住。基於念女心切且時局也亂，於是阿嬤就變賣了部分家當，準備六大箱的貴重物品，但因一個人不能攜帶太多物件上船，於是就把其中二大箱託給一同要到台灣的福建小同鄉替她保管，而對方拍胸脯爽快答應。結果到了台灣，生活安頓好後，再去找這位小同鄉要回那兩箱東西時，對方卻矢口否認有這件事，阿嬤氣憤得差點沒撞死在他面前，但空口無憑又怎能奈何得了他？阿嬤說她最捨不得的是那支清帝國皇家賜予的傳家之寶，價值連城的翡翠玉如意。

後來阿嬤經常以此為戒，並教導我們凡事看開些，尤其是身外物，「有則置，無則去」，寬心後，心才挪出藏污納垢的空間。

很多事情一旦寬了心、不太在意或執著時，對傷痕的撫平或負面情緒的盤旋會是治療上的營養補助劑。有人說，時間是治癒傷痛的最佳良藥，以我個人的經驗，則認為時間只會沖淡傷痛的記憶，模糊了夢魘的真實性，但已發生的事情就是發生了，刻意真空反而會因殘留的氣體而膨脹，就像電燈泡看起來既光明又亮麗，但若真空不佳則一夕間爆炸燒毀一切也不意外。因此，利用時間累積正面的諒解與寬恕的能量，才有勇氣去面對自己或他人所造成的遺憾。

曾經有位學生問我怎麼看待人生？我的回答是：「把遺憾降到最小。」卸下心防真正去面對，也許會是無法承受的難堪，但對撕裂的舊傷口，一味要求其必須心安理得，這又是何等的殘酷？基督的教誨：「別人打了你左頰，你不妨連右頰也給對方」更是知易行難，但有時你又不得不朝這個方向去嘗試解套；並非完全因恐懼而妥協，也非為了造就自己的好名聲，最重要的是懷著恨意的芥蒂，有如醜陋、突兀又有毒的怪物到處流竄，一旦任由放肆，小則污染了心域，大則侵噬了心靈的成長。

《聖經》上有則關於耶穌對向妓女丟石頭的眾生說，你們誰沒有犯過錯？否則憑什麼指責別人的錯？道理在於你既非聖人，怎麼會拿聖人的標準來要求凡人？何況人活在世上，紅塵中幾乎分秒都在是非圈中衝撞著。所謂「人在家中坐，禍從天降來」，因此莫拿別人的錯誤來懲罰自己，就是自重的基本心理建設；原諒只是種體貼，而真正的寬恕才是美德。

當個單親媽媽要獨立，不靠男人扶養三個小孩已是捉襟見肘，何況又熱心投入公益，因此幾乎沒有能力再去購屋置產。想到阿嬤曾擁有可吃三代的一片大好江山，最後卻淪落到台灣寄居；母親也自建了獨棟獨戶的電梯豪宅，但晚年住進安養院；而自己在菲律賓時，美輪美奐的花園洋房今又何在？不是詛咒，也非基因遺傳，倒像是針和線把命運給穿透在一根細微的血脈裡，考驗著其末稍神經的韌性。

小時候不甚明白阿嬤所說的「窄屋聚福」，如今方理解其意義之耐人尋味

——早年窮人家孩子多屋子小，所以子女們多能奮鬥向上，希望有能力脫離窮困，自立門戶。但隨著時代變遷，少子化的現象呈現，導致台灣很多的家長們縮衣節食拚了一輩子，就為了能替子女們未來的安身立命而囤糧，結果手足們為了爭奪巨額遺產上法庭，連一間小公寓或一塊茅廁地也爭得面紅耳赤，不惜翻臉到老死不相往來。

一九九九年，台灣發生了有史以來最大的地震，震央在南投縣附近，震度為七．三，本人曾深入災區（埔里、集集、魚池、信義、仁愛鄉等）做了一年的災後心靈重建輔導工作，災民除了最關心和擔憂自身的安全外，普遍身心受創的痛苦層面以喪失親人的為最嚴重，其次是房屋毀損及財物的損失，再來才是對寵物及其他的關心與不捨。

首都台北雖然震度只有四級，但對住在三十樓豪宅大廈的朋友們，彷彿坐在雲霄飛車中，事後不是抱著價值非凡被摔破的古董唏噓不已，就是眼看著大魚缸在眼前翻身，而上百萬的紅龍魚不但躍不了龍門，反而口吐白沫、奄奄一息，屋主恨不得死的是自己而非那些魚。當朋友打電話來問我安危時，我的答案是：

「命我自保，而其他的則交給房東去煩惱。」第一次感到身為無殼蝸牛另類阿Q式的欣慰。

佛教中的「明鏡亦非臺，本來無一物，何處惹塵埃」，大概即屬此境界吧！不放下心不寬心，驟放下心也未必馬上寬，唯有真正甘心放下，心才會慢慢自然地寬起來。

我曾告訴兒女們，千萬別小看人類求生的本能與潛能的開發，在我生活最困頓的時候，曾一人身兼五職，很多人都不相信，但我做到了。我白天上班，晚上念夜校，即使學校再嚴格，但在點名老師的體諒下給了我方便，所以每星期我有三天提前下了課，直奔西餐廳及夜總會代班站櫃檯，除了多份收入，另一福利就是我可以提著「菜尾」回來與同宿的弟妹打牙祭。

此外，我因漢字寫得端正，所以接了不少刻鋼版的工作（以前除公家機關或大企業外，民間沒有足夠的中文打字機與專業人才，且費用成本高），一般學校考試的試題或教材，很多都是找工讀生在蠟紙上刻寫鋼版後，再送複印使用，而我右手的中指尾端，曾經因長期刻鋼版，除長繭外，甚至變形。到了星期六或日也不得休息，到五股、泰山去兼家教。當時曾因體力透支而暈倒過好幾次，但年輕到底就是無形的資產，情緒雖有低落時，因為對自己的未來及為了能改善家裡的環境，所有的努力付出和辛苦總會在「孝悌」的鼓舞中，繼續振作起來。

同樣是體力不勝負荷的一次，卻是發生在我變成單親後，為了要扶養三個孩子，又因離台已久，人事變化驟大，再回國一切得從頭來過，不但面對的競爭更激烈，付出的代價也會格外辛苦。

記得有一次連趕三場演講，又作了一連串的心理諮商輔導工作後，勉強撐著回到家，突感天昏地眩，暈倒在客廳的地板上不省人事。直到打了冷顫，也不知道已經過了多久才慢慢自己甦醒過來，卻虛脫到連爬起來倒杯水喝的體力都沒有，那一剎那，發現自己竟然是被全世界摒棄在外的，孤單、寂寞又脆弱的失落感，莫名地全湧上心頭。我突然百感交集地放聲大哭，而且狠狠地哭了很久，第一次真實地感受到什麼叫做「牛嚎」，但縱使你由晚上哭到天亮，天亮再持續啜泣到黃昏，又能怎樣？老話一句：「當你笑的時候，世界跟你一起笑；當你哭的時候，只有你自己躲在角落哭泣。」

於是我拭去眼淚，用冰塊鎮消眼泡，從此在床頭桌上永遠擺著一杯開水及需要服用的藥品來應變急需。當你只剩下一個人，而還準備繼續活下去時，分秒都得備戰。

我曾跟兒女們開玩笑說，我雖無能也無法留錢財給你們，但卻可留下不少精彩的故事讓你們回味或反芻，而且都是有專利的。加上依教育專家們的評估，二十世紀撫育及教養一個小孩，由出生到大學畢業至少得花上一千萬台幣（二十一世紀恐怕不止）的原則下，我實乃富婆也，既然有三個兒女，那麼至少擁有三千萬以上的有價「證物」是跑不掉的。因此兒女們的心裡早就有準備，他們既無富媽媽可庇蔭，當然對遺產的期待也就不高，甚至在徹底的絕望下，反而會發憤圖強，讓自己有機會迎頭趕上，當其已出子女們的富爸爸或富媽媽。

阿嬤說人要「量積福」

討論人的本質，是件既複雜又難以真正釐清的工程。有人說人性本善，又有人說本惡，但生物學家洪貝爾托．梅圖拉納（Humberto Maturana）指出，人性基本上是盲目的，而基因遺傳更成了研發醫學科技中不可缺少的要素之一，相對地，人格發展的心理學家們，也從先天與後天不同受教環境面向給予詮釋。總之，在學派論述眾說紛紜中，有個故事相當傳神。

一位校園的女性清潔工，打掃到一間學術論壇會議室門口，聽到裡面有激烈的爭論，不覺放下腳步和手上工作，好奇地探頭聆聽，原來是兩派學說各執己見，正為「遺傳」與「環境」之影響與差異展開辯論。清潔婦納悶地聽了一下子，臉上突然露出不屑的神情，搖了搖頭，自言自語道：「唉！讀書人還真會找碴，這種事有什麼值得爭辯的，小孩生出來後像父親就是遺傳，像隔壁的不就是環境了嗎？」

常有人問我什麼叫愛心？我總謙卑地回答：「熱情、憐憫加付出，但不求回饋。」雖然西方有句諺語：「Killed by Kindness.」也就是所謂「好心沒好報」，但若因愛心的付出被錯怪，總比自己去錯怪別人的愛心要來得心安不是嗎？至少心理壓力與負擔少一些，離憂鬱症就可以遠一點。價值觀這東西是很難用有形或等值來衡量的，自己心中的那把尺才是價值的度量衡；當個平凡人對外在的異樣眼光、誤解及負面的回響，情緒上是很難不去理會或在乎，但如果太在意或不能用同理心理解，就易被影響、動搖及扭曲。

當你的價值觀確立，並變成了生活中心思想的一部分時，一旦把它運用在言語或付諸行動時，你的態度就會不知不覺地散發，以及傳遞出屬於你對某種價值觀內化的精神，久而久之，在無形中就變成了你個人獨特的氣質與魅力。事實上，很多的價值觀是由觀察、學習、發展與創意中得來的智慧，集大成而演變成自己的一套中心思想。

我阿嬤生於清末民初的中國，是屬於裹小腳的閨秀行列。她雖生錯了時代，但在她被封閉的小腳上卻支撐著博大無比的睿智；雖然我有母親，但從小與阿嬤同眠共枕了十幾年，也算是隔代教養中的受惠者，一直到我婚後生了第三胎時，她老人家才過世。在這段漫長歲月裡，從她身上汲取不少老生常談的菁華，讓我的人生路上，處處攜帶著她遺留下、讓我拈來就可用的錦囊妙計和舉一反三的範本，足以陪伴我披荊斬棘，並給自己找到堅強勇敢與活下去的支撐點。

更因為她能感同身受女性被迫裹小腳這件非人道的行為，並引以為憾，所以她給了我們這群兒孫晚輩很充分的自由，尤其鼓勵女性千萬不要妄自菲薄，時代總是在往前走。

阿嬤曾幽默地表示她長壽的意外收穫，就是她雖一生平凡，但一些自命不凡的人卻比她氣短先走了，包括大清帝國的光緒、溥儀，中華民國的孫中山、袁世凱、黎元洪、蔣介石、蔣經國……以及中華人民共和國的毛澤東、周恩來、鄧小平……等。關於這點，父親更是長壽，但他的看法可就比阿嬤悲觀多了，他說：「人活得愈老，朋友就愈少，縱然有錢，一旦老了也未必能來得及買到真心的朋友，何況人老到一個程度，你連接受自家人挑戰的勇氣都沒了，哪來心情交新朋友？」

母親由中國福建廈門初抵台灣，雖然閩南話是她的母語，但到底生活習慣及文化上的隔閡與差異，導致她剛到台灣時頗受婆家的刁難與歧視（雖然後來均化解並互通有佳），加上又懷了身孕，於是只好向她遠在天邊的母親求援。阿嬤不忍女兒受苦，只好放棄在中國的一片江山，倉皇中攜金帶銀地乘著最後一艘三舨舢，茫茫大海上幾乎除了喝水、沒什麼進食地顛簸了數天，才抵達布袋港（當時父親與友人在布袋港創業，經營船務報關行），從此隨我們一家人輾轉遷徙，一住就是三十多年，最後在台灣壽終正寢。

她常感慨說，人要活得夠久，檢驗人情世故的機會就多；但人要自己走得夠遠，才能有深刻的體驗與應驗。因此，阿嬤常用兒孫自有兒孫福、不為兒孫做馬牛，來強調子女成長後獨立的重要性；更以「父母疼兒女有如長流水，而子女回饋父母乃樹梢風搖」不成比例的意境，來告誡親情的無奈與毋須執著。她又把「行善」比喻成人行道，隨時隨地拈來就可做。但「做事業」則像開火車，要有目的地往前衝；停站是為了加油，而「冒險」則像獨木舟，汪洋大海中一切得靠運氣、毅力和對希望的擁抱。

阿嬤雖然對黃家的每個孫兒孫女都疼愛有加，但對我則較偏心，每次從台北回到新營老家，阿嬤和母親總會張羅準備一些家常菜或乾糧，以及土產等伴手禮讓我帶回與同居的弟妹分享。對不論購物和攜物均嫌麻煩的我而言，她們最常用的說服語句就是：「人如鳥飛，人到物就到。」

有一次，我堅持不帶任何行李，結果看她老人家有些失望，不忍心之餘，只好諂媚地安慰她：「阿嬤！我現有的行李中都已裝滿對您無形的思念，再也裝不下那些用錢就可買到的東西了。」阿嬤沉默了一下，用古錐的表情回道：「那我就用你我咱兩人加倍的無形思念來煮這些有形的東西，豈不是更無價？」果然是狠角色，想虛偽搪塞一下，還是被她的機智反應給識破了。那天回程，我只好大包小包一肩扛，應驗了：「乞食（乞丐）過溪，行李特別多」的無奈。

阿嬤對我的愛總是無法想忘就忘得了。記得我懷老三時，回台探親，但不知道子宮的前置胎盤剝落已出了狀況，下體老是見血怕小產，偏偏我的婦產科主治大夫在馬尼拉，於是看了中醫並開出安胎藥，每天只能稍安勿躁地躺著，而阿嬤三寸金蓮的小腳上撐著她肥胖的體重，還要為我煎藥，然後辛苦地爬上二樓端給我喝，而且一定要看我喝完她才放心，回憶到這裡，我的淚水竟模糊了草稿的字跡。

阿嬤在人際關係的溝通中，自有其一貫的主張，包括：

一、「先禮後兵」，理由是見面三分情，先尊重對方，如果對方也以禮相待，則可化干戈為玉帛，否則給對方空間，相對的就是給自己時間來累積過招中「知己知彼」的能量，吵架或爭執總沒好話，但如果能先儲備好足以佐證或反駁對方不合邏輯的論述與錯誤事證，一旦雙方不得已開了戰，己方雖未必能馬上旗開得勝，至少也不至立刻潰不成軍；所以「禮不可廢」或「先禮後兵」雖不全然呼應了「兵不厭詐」的孫子兵法說，但對阿嬤而言，「算帳或開戰前就要先存好『相罵本』（爭執的本錢）」莫當潑婦或耍無賴的流氓，同時也是君子之爭的基本原則。

二、「理直氣壯」則是當仁不讓的不二法門。阿嬤常說一個有膽識的人是要有智慧的，否則有勇無謀變成「小不忍則亂大謀」，會因草率魯莽而易出亂子。而「有識無膽」往往是知識分子的悲哀，口說不練沒有行動力，卻又老在避風頭撿功邀中遊走，此乃偽君子也。

三、「打蛇七寸」則是強調人以和為貴，凡事過猶不及均傷感，且得饒人處且饒人，人既非聖賢，孰能無過？不要趕盡殺絕，要給人留餘地；簡言之，冤家宜解不宜結。

四、最後相當重要的則是要「量積福」。因為心胸度量的寬窄足以影響發展成就的高低，有度量才有悲天憫人的慷慨，更是愛心的特質。

以前家裡環境不錯的時候，經常有些鄉下務農的親戚會來借錢，因為農夫是看天吃飯，若不是因為子女眾多要註冊，就是由於天公不作美，遇到收成不好，只得寅吃卯糧，希望能先借到錢，等到下次收成後再連本帶利償還。我印象中很深刻的一次是母親還未開口，阿嬤就直接告訴對方說：「天打天晟，一枝草一點露，利息就不用算了，與其要還我們利息，不如在收成時，尤其是收成番薯時，田地別翻得太徹底，讓那些窮人家的小孩可以跟在後面偷撿幾條番薯回去充飢吧！」

先禮後兵的精神

阿嬤另有幾件讓我不但見識到她寶刀未老的功力，更讓我由震撼的機會教育中，獲益良深的案例。

母親（右）與影星白蘭（左）攝於拍片場烏山頭（台南縣），片名《望春風》。

小時候，新營戲院的老闆娘是母親的結拜姊妹，而其夫周天素是早期台語片有名的製片家，所以我們去戲院看電影幾乎是不用花錢的，加上母親喜歡票戲，所以紅極一時的閩南語明星，像白蘭、凌波（以前名叫小娟）及歌仔戲名旦勝錦珠等，幾乎都跟母親關係不錯，或至少都捧過場，而我們家的花園洋房及鄰近第一銀行的車庫，還曾被蔡揚名導演拍攝台語時裝片《望春風》時借當場景。

記得我念初中時的某個假日，有一天，阿嬤心血來潮要我陪她去看電影，裹小腳的她既需攙扶又走得慢，進到戲院時，電影就快開演了，怕在一片漆黑中不易找位子，所以我跟她老人家商量，請她先站一邊，待我前去找好位子再回來帶她，說完我正轉身要離開時，她卻一把拉住我說：「不用找了，我已看到我們的位子了。」我不敢置信地望著她，就在說時遲那時快的當下，阿嬤居然逕自開步走了；我擔心她裹小腳、重心不穩而跌倒，趕快趨步上前侍候在側。

只見她走到離我們前方不遠，一個角度相當不錯的位置前停下腳步，並對著座位上的兩位年輕學生，顯露著慈祥的神情，但又帶幾分認真的口吻說：「少年吔！你們這兩個位子對我這六、七十歲老人來說，看得較清楚，所以我想跟你們換位子。」不等對方有何反應，接下來就側著身子跟我說：「來！妳快把我們的那兩張票給這兩位對老大人（老人家）特別有疼心（愛心）的少年家（年輕人），而且不要忘記跟他們說多謝。」

那兩位一時丈二金剛摸不著頭腦的年輕人聽完，居然像中了邪或被催眠似地，不由自主、很聽話地站了起來，還真的把位子讓給阿嬤與我。由於這突如其來的動作，既未經我本人同意，更無事先彩排的情況下，竟莫名其妙地迅速在眼前發生了，以致於愣在一旁的我，除了無厘頭地被嚇壞及沉默地配合外，內心簡直尷尬加慚愧得無地自容，恨不得鑿個洞鑽進去，或是乾脆把阿嬤丟下拔腿就跑，裝作陌生路人算了。

總之，那天的電影內容至今我完全沒有絲毫記憶，而整個過程更是把自己陷入如坐針氈的危機中，一下子擔心那兩位觀眾會不會回來討位子？會不會去報警告狀？有沒有可能等電影散場後出去遭到他們的修理或報復？還有他們會不會剛巧就是我認識的學長或同學的哥哥之類？最可怕的是萬一陪阿嬤倚老賣老看「霸王座」的消息真被傳到學校去，我又該如何面對？只見當事人阿嬤卻老神在在，一副什麼事都沒發生似地看電影看得入神。

回家的途中，一望無際的蒼穹正閃爍著星光，而顆顆卻像轉化成礙眼的刺蝟殘留在我胃裡翻騰著，我再也按捺不住性子，針對阿嬤剛才那種不民主、不文明、不敢苟同的行為提出嚴重的抗議時，阿嬤卻理直氣壯地笑著說：「敬老不一定是法律，但不敬老卻是不道德。」接著又說：「人到六、七十歲就是有倚老賣老的特權。」

我不服地反問她：「那對方如果不買帳怎麼辦？」她的反應竟是：「那我就只好等妳找到位子再來帶我嘍！」幸虧阿嬤沒活在這個時代，否則別說年輕人會乖乖讓位，他們光用一根手指就可戳得她倒退好幾步，搞不好一旁的我也會被痛扁一頓，最樂觀的情形恐怕也會遭白眼或來個不理不睬。再說六十多歲對現代人而言，絕對不會也不敢倚老賣老，而且還多數自己不服老。

阿嬤一生幾乎很少動怒，更遑論暴力了。可能是受傳統父系社會舊禮教下的女性多具以柔克剛的特質，另外就是因為裹小腳限制了體能的發展，不得不向現實的環境妥協，尤其當一個人的生活層面或範圍被縮小及限制在熟悉的環境與人事物同時，衝突的質與量也會相對地減弱。我雖受到阿嬤影響，但因時代的變遷以及每個人個性的差異，以致我也感染到「先禮後兵」或「理直氣壯」的精神，但卻沒有阿嬤的沉穩冷靜，更談不上睿智，反而處處表現出看似率真有正義感，但沉澱後才發現原來是急躁與魯莽。

一時風光，一世慈悲

父親的中年危機是離開政壇，又意外面臨藥廠經營不善，船務報關公司被捲款逃逸到香港，而其中尤以出自善意、為其好友當銀行貸款的連帶保證人，但對方卻在無預警下惡性跳票並倒會；如此排山倒海一波又一波接連而來的經濟危機幾乎令人無法招架，全家頓時處在慘淡的困境中。儘管風雲驟變，幸運的是父母親都還能勇於面對，分頭主動外出去找工作來貼補家用，母親更放下身段，典當了所有的珍貴首飾，由旗袍改穿長褲，高跟鞋換平底繡花鞋；阿嬤也想盡辦法縮衣節食來維持家計。

由於父親曾擔任兩屆民意代表，雖然已卸任了，但仍有官辦報社繼續免費供應報紙，於是阿嬤就在「窮則變，變則通」的靈感下，拿麵粉勾芡煮成漿糊，再將十六開的全張報紙裁剪成八正方或十六正方，每張對摺後，兩邊再塗漿糊封口成型；她不但動員全家小孩在寫完功課後就得開始一起糊紙袋，還特派我每隔幾天下課後，將糊好的一大疊紙袋捆綁好，用腳踏車載去賣給菜市場裡頭姓陳那家最大的雜貨店。

嬤命難違下，我只好硬著頭皮嘗試去完成這項任務。那時我已經是高一生了，如果家境不是突遭惡化，想來正屬情竇初開，一定不知天高地厚，還很天真地跟同學們玩鬧嬉戲在一起吧！孟子曰：「天將降大任於斯人也，必先苦其心志……」這是鼓勵要成功就得忍受挑戰，但只要你是曾經有機會面對殘酷的挑戰或經驗者，即使不傷及你身體上的任何一根汗毛，卻已深深地在你的自尊心上劃下了難以撫平的傷痕。

這家雜貨店在父親從政期間幾乎有事就來請託，而我們更是他的忠實老主顧，母親為人一向海派又愛面子，所以很少去秤斤計兩，進貨補貨任由老板說了算，因此還記得家道風光時，雜貨店老板從蝦米到魚翅，從油、鹽、醬、醋到應景禮盒，幾乎一手張羅包辦，月初就到我家來清點貨色，然後月中跟月底分別再來結帳。

由於家中每天人來人往，開飯總是好幾桌，又是正餐又是點心，還有應酬不了的禮尚往來，所以連肉攤販更是每兩天就送一大堆肉品，甚至還主動到我們家的廚房裡炸豬油，冷卻後再一壺一壺分裝備用，並將炸豬油剩下的「油渣」剁碎後，以紅蔥頭爆香，加入香菇末及醬油膏等佐料熬煮成肉燥。

俗話雖說，好漢不提當年勇，但藉小故事提醒切莫忘記世態炎涼下滄桑的教訓，也唯有寒天飲水者冷暖自知啊！當我兩手牽著腳踏車，後座載著一大疊綑綁好的紙袋打算賣給雜貨店的老板時，老板以為我是來跟他買東西，還笑咪咪地叫了我一聲「大小姐」。當我說明來意後，其臉色馬上一沉，心不甘情不願地叫旁邊的小夥計將紙袋拿到秤上，秤一秤重量，然後沒好氣地拉開嗓門說：「紙袋曬得不夠乾，想偷重啊！」當下我有如犯了滔天大罪，汗顏地低下頭，從眼角掃過的路人彷彿都在對我投以鄙視的眼光，頓時整個腦子一片空白，耳朵卻嗡嗡作響，手心更直冒冷汗。

羞愧中又聽到男夥計不耐地問著老板：「今天的到底要不要收嘛！」我強忍著鼻頭已酸而眼眶裡直打轉的淚水，手指用力暗掐著手心，不斷地警惕自己千萬不能耍脾氣，一定要忍耐完成任務，否則家中就有斷炊之危，於是硬擠出笑容，委婉地跟老板說：「真歹勢，這次可能曬不夠乾，下次我一定等完全曬乾了再送過來。」只見他又開始帶著笑容，用親切的語調招呼著來來往往的顧客，但就是不再正眼瞧我一下，只順勢揮了揮手，叫小夥計跟我算帳，還提醒他要記得扣沒曬乾部分的重量錢。

返家途中，我一面用力踩著腳踏車，一面任由淚水撲簌簌地流個不停，再強的寒風也吹不乾淚跡的傷痕。方進家門，我立刻從口袋掏出賣掉紙袋的錢，生氣地扔在阿嬤面前，委屈掩面地抽搐了起來。阿嬤聽完來龍去脈後，深嘆了口氣，用冷靜的口吻溫和地跟我說：「圓的人扁，扁的人圓，世間風水是輪流轉；昨天咱是甲方他是乙方，今天他是甲方咱是乙方，人生起起落落，沒有什麼了不起，不用太難過，別忘了囂張總無落魄來得久，妳可貴的眼淚剛才沒有在這種現實的小人面前流是對的，因為不值得。」

十多年後，我們家風重振，母親一向慈悲且健忘，所以不計前嫌又變成了這家雜貨店的主顧客，但對我而言，也許我早已不難過也不記恨了，但卻還是寧可選擇把此人當作空氣。

守信背後的同理心

阿嬤另一樁給我人生很大啟示、也畢生難忘的記憶是——我因為生長在一個比較開明的家庭，雖然母親比較重男輕女，但因從小身體健康狀況不佳，受到阿嬤較多的呵護，也算是有個性的小女生；在那個同齡的兒童多數處在相當困苦的成長環境中，我卻是身著蓬蓬裙和穿鞋面鑲有蝴蝶結的皮鞋，坐著由長工接送的自用三輪車去上學。

阿嬤說我的個性平時很乖巧，但有時卻很「番」（脾氣很拗），而且一番起來就很難擺平，跟男生一樣會採取躺在地上翻滾哭鬧的大動作。最可笑的是，據說我的「滾地翻」還分A版跟B版，所謂A版是指我如果只是小生氣，則翻滾前我會先去拿掃帚找個乾淨一點的地方，先掃過再躺下去小胡鬧一番；B版則是指當我真的豁出去時，不但不會比照前例的斯文作風，甚至會刻意換上一套母親準

我與母親合影（當年我四歲半）。

備讓我穿去當花童的新衣，再刻意跑到對街的一塊空地上，那裡是每天清晨幾個婦道人家一起圍繞著井邊打水洗衣服的潮濕漥地，再把自己躺在爛泥巴中打滾，既笑壞了左右鄰舍，更氣急敗壞了母親；明知如此作為一定會被抓回來痛打一頓，但仍在所不惜，雖非反骨，但也夠叛逆了，也因此母親很早就把我往幼稚園送。

幼稚園的老師是父母忘年好友的女兒，她姓許，剛從師範學校畢業不久，是位虔誠的基督徒，說話很斯文，印象中身材纖瘦、高䠷、留著半長的瀏海頭；也許因為跟家人熟稔的關係，所以就叫我當班長。

在我們那個年代，幼稚園每天睡午覺醒來後，尚未進入唱遊或識字課前，都會先有個「排排坐吃果果」的點心時間，全體同學拿著小板凳圍成一個大圈圈，其中留個破口給老師進出方便，每天的點心不外是糕餅或香蕉之類。

由於我是班長，老師就叫我把當天的點心項目香蕉發給每位同學一根，而且還嘉勉我說：「妳發完了，如果有多剩一根的話，就給妳當作獎品。」重賞之下必有勇夫，一下子的工夫，我連發帶丟地就把香蕉全部發完了，心想老師果然神算厲害，香蕉真的多出一根，於是我立刻上前邀功，很有禮貌地把那根多出來的香蕉雙手交給老師，期待老師再親手把它當作獎品頒給我享用。

可是就在此緊要關頭，卻半途跑出個程咬金——隔壁班教室的另一位女老師，大概也趁她班上小朋友正在吃點心的空檔，過來找我們老師聊天，於是許老師看到隔壁班老師走過來寒暄時，就順手把我完成任務後呈交給她的那根香蕉，毫不思索地請對方一起吃了，然後揮了揮手，叫我回到座位。

別的五歲小朋友碰到這種情形，我不知道他們會怎麼樣，但我雖回到座位上，卻愈想愈不對勁，那根香蕉明明是老師親自答應要賞給我的，但為何許老師不僅馬上忘了這件事，還大剌剌地當我的面送給隔壁班的老師吃呢？

頓時讓我想起阿嬤和父母親每天都會利用吃飯或睡前時間，跟我們講一些人生的大道理，我印象中記得最清楚的，就是教我們做人最重要的莫過於要講信用，一次不守信，兩次不守信，到第三次再不守信，從此人家就會把你說的話當作是白賊（說謊），不但看不起你，甚至背後會被人「幹譙」（罵髒話）或唾棄也活該。

我自作聰明地反芻著家訓，更覺得長輩的話很有道理。許老師第一次答應要給我香蕉，結果沒有；第二次卻又把香蕉拿給隔壁班老師。至於我剛才站在她前面等領獎應算是第三次了，她居然也忘了給，而且還不耐煩地揮揮手叫我回座位，根本徹底忘了她答應犒賞我香蕉的這件事，如此一來，她不就是合乎父親口中的那個「小偷」一樣，可以去跟她「幹譙」的人嗎？

學校原本就是個將來自四面八方、各種不同家庭背景孩子們融入專一受教權的園地，在鄉下地方，天真無邪的孩子們什麼知識都還沒學到，可能就先學會對人與環境的好惡，甚至用髒話表達的常識與能力了。儘管我家的家教很嚴格，不准粗口或動手，但天高皇帝遠，於是我就問坐在隔壁的另一個小男生，如果你要罵女生會罵哪句話？當他悄悄地告訴我之後，我點頭示意，表示了解了。

站在門口的兩位老師一面吃香蕉，一面聊天，終於告一段落。當我看到隔壁的老師一轉身，立刻就衝到許老師的面前立正站好，而她被我突發性的舉動嚇了一跳，一時愣住，於是低下頭問我要做什麼。我仰頭直瞪著她，然後跟她說：「老師！妳是『舌眉』（台語，女性的陰部）老師。」話一出口，至今我仍難忘老師那一臉錯愕訝異與不敢置信的複雜表情，全寫在她清秀的臉上，而且耳根泛紅，一副要深呼吸才能回過神來的窘境。

那天全班提早下課，既然是天上意外送來的偷得浮生半日閒，我和鄰居的幾位小朋友開心結伴，沿著回家的途中採集了好多牽牛花、雞冠花、芙蓉和榕樹葉，準備回去「辦公家伙」（兒時的角色扮演遊戲）。但一回到家，才剛踏入大門，就發現家裡的氣氛凝重得有些詭異，只見雙親表情跟往常不一樣，尤其是母親擺出一副欲食人的可怕模樣，臉上堆積著層層的寒霜與殺氣騰騰。

原來許老師提早下課，就是為了早我一步到家來告惡狀，只見母親右手已執藤條，左手一把就抓住了我，然後破口兇巴巴地問我，怎麼敢對許老師做出如此沒禮貌的舉動？簡直丟盡了黃家的臉……等，於是我就坦白把父親常教的「人無信不立」的觀念，跟今天老師食言、不講信用的事情重新申述一遍。

結果母親聽完更火大了，她難以理解的是，我居然只因吃不到一根香蕉而罵老師髒話，一時氣結，乾脆把對我管教失當的責任全推給父親，同時把手中用來要打我的藤條塞給父親，丟下一句：「我倒要看你今天怎麼管教你這個寶貝女兒！」便氣呼呼地坐在一旁用杏眼死瞪著我。母親眼睛本來就蠻大的，而現在看起來更像金魚的眼睛快凸爆了。

儘管烏雲密布，但一向溫和的父親識時務地順勢拿起藤條，另一手則牽了我，並趁母親沒注意時跟我施了個眼色，父女倆就一起配合往客房走。一關上門，父親馬上就嚴肅地跟我說：「妳怎麼可以罵許老師髒話？而許老師的父母又是我們的朋友，所以妳媽非要打妳不可，但我捨不得打妳，所以咱兩人暫時就在這裡，等我抽完一根菸後我們再出去，而那時想來妳媽氣也消了。不過妳要配合像真挨了打地哇哇叫，或是假仙（偽裝）哭幾聲知道嗎？」我當然同意，但因我已被母親臭罵，所以就乘勢以委屈為由要求父親一面抽菸，一面要講鬼故事給我聽。父女就此串通演了一齣戲給母親交差。

但人算不如天算，母親大概發覺我的哭聲和叫聲的節奏有點奇怪，不太像是真的被打；而且母親馬上意會到父親曾當過養子，從小就遭遇被凌虐的悲慘命運，將心比心，再怎麼樣也鐵定捨不得打我的，於是她悄悄地繞過我家後院通柴房的通道，並偷偷攀沿到客房窗邊再往裡面一瞧，果然揭發了我們父女的詭計。

這是我生平挨母親打，最慘痛的記憶。

母親當時下手特別重，想必與對父親的不滿有關。母親打完我後，還立即要帶我去跟許老師當面道歉，但我就是抵死不從，並趁她不注意時，逃跑到客房再把門反鎖，任她再用力敲打及恐嚇我就是不開，最後哭累了，竟不自覺地趴在床上睡著了。

等聽到阿嬤敲門叫醒我時，已是吃晚飯的時間，阿嬤要我開門讓她進來，她說母親去打牌了。門一開，我立刻衝進阿嬤懷裡大哭起來，阿嬤拿濕毛巾擦拭我一臉的委屈，一面聆聽我冗長的申述，一面耐心地等我停止啜泣。接著阿嬤講話了，她站起身來，不但義正詞嚴，還重拍了下桌子嗆說：「如果妳說的都是實話，那麼這位許老師不止送她『舌眉』應該連『羼鳥』（台語，男性的陽具）也一起送給她。當老師的沒信用，怎麼當老師呀？」

聽到阿嬤用如此強烈的同理心來安慰及支持我，當下我除了破涕為笑外，再也找不出任何足以表達心中有多受用的詞句。但阿嬤接下來握住我的雙手，盯著我說：「老師只有一個，學生卻一大群，如果每個學生都跟妳一樣不高興就去罵老師，而且還罵髒話，妳說老師是不是很可憐？」我點了點頭，心中有了悔意。

阿嬤又接著說：「老師雖然是大人，但也會犯錯，她那麼疼妳，又讓妳當班長，怎麼會故意不給妳香蕉吃？」阿嬤說的也對，我再度點了點頭，表示完全同意。

最後阿嬤的結論是：「今天妳雖挨了打，但明天妳還是要到學校再去跟許老師道歉，她一定會原諒妳的。」我爽快地應允了阿嬤的要求。

結果出乎意料，隔天上課時，我拚命舉手要找機會跟老師道歉，但或許老師心虛，認為我因她而被痛打，搞不好今天會將她罵得更難堪，所以刻意不理會，直到下課都不給我道歉的機會。等到放學時，因她每天回家的路上都需經過我家，她走在前我跟在後，就在快到我家門口時，許老師突然轉身叫住我，然後笑著從皮包裡拿出一根香蕉送給我；我雖有些靦腆，但還是開心地收下，並深深一鞠躬跟她說謝謝和對不起。

如果讀者不知道或不能領會到什麼叫做「走過的路總會留下痕跡」，那麼就由我來跟你分享。

我結婚時的喜宴在故鄉新營及台北各辦一場，當時嘉賓雲集，好不熱鬧。由於宴客完即將偕夫婿去度蜜月，接下來的歲月就得長年定居國外，因此很多親朋好友都趕來探望我這位即將遠行的新娘子。

在一片恭禧與祝福聲中，母親突然上樓來跟我說有位特別神祕嘉賓堅持一定要來跟我當面祝賀，我問母親到底是誰，母親用著不懷好意又帶幾分捉弄的表情說：「就是妳的那位『舌眉』老師。」我詫異地張口「啊！」了一聲，下巴只差沒掉地。

事後，我和丈夫在蜜月旅遊的過程中，有一次閒聊間，他突然若有所思地問我：「親愛的，結婚那天有位來看我們的女老師，媽說她是教什麼的？會不會是我聽錯了？」我忍不住噗嗤一笑，把這段五歲唸幼稚園公然罵老師髒話的糗事講給他聽，他除了覺得既好笑又有趣外，還用著奇怪的眼神打量我，我也毫不含糊地回敬他：「怎麼樣？我搭上賊船，而你惹到母老虎了吧！」

心美，人就跟著美

高中是我最鬱卒的學生生涯，由於家庭經濟壓力的因素，我穿的卡其制服幾乎都是拿大哥的舊制服去修改的，口袋上繡著他的名字，於是我就得用刀片刮掉「欽」字，重新繡上「綏」字（黃、越兩字可共用）。其他女生制服的扣子均從右扣，而我穿的則是從左扣的男生制服；校服穿的窄裙也是母親去向某位學姊要來的舊裙子，而且只有一件合身，於是也只得做到縫縫補補又三年。每天早上都由我負起分裝弟妹們便當的工作，所以總是把自己的那份菜餚再平分撥給弟妹們，有時只帶白米飯上學，但因人緣不差，每到中午總會有幾位好同學過來跟我分享她們的菜餚。

這樣的情形也同樣發生在我出社會半工半讀的那段時間，為了存錢，晚餐上夜校前只吃陽春麵，而且連吃了好幾年，養成我至今如果到麵攤叫陽春麵時，潛意識裡若不另加個滷蛋或切些豆干、海帶等小菜，就會有吃不下或不想吃的排斥感。公司的同事更常會有今天這位送個免費早點，明天那位又會沖泡牛奶或阿華田加個蛋給我補充營養，記憶中那段依稀我最窮困的年代，體重反而有增無減。可見互動良好的人際關係，果然是讓人堅持活在這個世界上，另一股溫暖與關懷的補給站。

高中畢業後要參加大專聯考，卻在無意間偷聽到父母正為我的事情苦惱著，更不知該如何對我開口——除非我能考上國立大學，否則家裡實在無法供應我念大學，但他們又不忍心在大兒子都進碩士班研讀的情況下，女兒卻連大學都進不了，未免說不過去。那天父母親的對白，是我這一生首次了解到什麼叫做「五指伸出有長短」，以及兒女對父母親而言，「手心手背都是肉」的道理。於是，我主動跟父母親提出第一年不考大學的決心。

我開始利用暑假，打開報紙找工作。沒多久，高雄有一所私立育幼院回函，希望我去上班。據董事長後來面試時跟我坦言，我是在其兩百多封的應徵信中，唯一因文情並茂的愛心而被錄用的。

經過幾個月的辛苦工作，我發現這家兼辦幼稚園的育幼院，雖無掛羊頭賣狗肉之嫌，但終究是既鑽營又勢利，收容住在院中的小朋友其遭遇與對待，雖沒有英國名著《孤雛淚》的悲慘世界，但也好不到哪裡去。由於住在育幼院的小朋友幾乎都是孤兒，我應徵的是幼教老師，但做的卻是保母的工作，每位住宿老師都需負責八到十位的孤兒，並負起他們從三餐的打點，參與幼稚園教學的課程以及晚上替他們洗澡、就寢……等繁重工作。

會應徵到育幼院當老師是本著愛心，加上家道中衰後，白天上學、一到下課回到家，阿嬤下廚煮飯菜，於是張羅弟妹吃飯及洗澡更衣督促寫功課……等，幾乎都是我的工作，因此照顧這些孤兒們是難不倒我的，而且班上好幾位孤僻、自卑或有點智障的孩子們最後都搶著要跟我睡，還得靠抽籤才能擺平，但就在一件不幸的意外及我的衝動下，結束了這段與高雄的初結緣。

此先要說明的是，當時被送到這家育幼院的小朋友，不是父母出海捕魚雙雙意外溺死，或是未婚媽媽生下便遭遺棄。尤其在那個年代裡，多數的背景竟然都是上了年紀的外省老榮民（民間綽號叫「老芋仔」，與代表本省人的「番薯」作區隔），花儲蓄或退休金娶了風塵女郎，結果生下孩子後，不是發現仙人跳上當被騙，就是婦人丟下孩子，人去樓空。

其中我班上有位姓孫的小男孩，年齡不到六歲，就是如上述背景被送來的。我每次替他洗澡都不能使用肥皂擦或用水直沖，必須小心翼翼地用小的濕毛巾慢慢地一區塊一區塊地擦，否則一不小心會痛得他哇哇叫，因為他身上長滿了膿瘡。據資深同事私下告訴我，那是來自其父母的性病感染，導致免疫失調所致，對當時單純的我而言，談「性」是忌諱，所以從未去查證。

只知道他的父親是位五十多歲的老兵，因退伍錢全被騙光了，只好遠走到基隆去當礦工，而每個月利用放一天假南下來看他這個寶貝兒子，從基隆大清早搭乘台鐵第一班慢車，一路上至少需花上十二、三個小時才能到高雄火車站，還得要再花時間等客運和走很長的一段路，有時總計至少需花十五、六個小時才能到達目的地，但那卻是孫老先生辛苦活著的動力和希望，再苦也不怕，同時也是孫小弟一個月中最感幸福與期待的日子。

天有不測風雲，果然由於颱風天，加上火車遲開，途中又遇到了意外，因此這天孫老先生好不容易才趕到育幼院，卻已過了家長會面時間，育幼院的院長是位同仁們背後都叫她綽號「老處女」，一位長相刻薄、待人刻薄、講話也刻薄的刻薄之人。

那晚湊巧剛好我有事要下樓，走到樓梯口，意外瞧見一幕至今無法釋懷的畫面——我看到因為淋了一身濕而顯得更瘦癟的孫老先生，他身旁放了一個包袱，而他居然就跪在地上，向站在大廳口、兩臂交叉放胸口，一副眼睛長在頭頂上、目中無人的院長拚命磕頭，請求她能法外開恩，無論如何，好歹也讓他與兒子見一面。

所謂路見不平拔刀相助，何況孫小弟就在我班上，我馬上快步上前去協助及幫腔理論，但不管我和孫老先生兩人輪番說破了嘴，院長就是鐵面無私，不但不買帳，還嫌我多管閒事。也許是我們溝通的過程語調愈拉愈高，而吵醒睡在三樓的孫小弟弟，他不知何時已悄悄地爬下來，並躲在二樓的樓梯轉彎邊偷聽。

夜更深，而院長也正式下逐客令，老淚縱橫的孫老先生不得不站了起來，一面提起地上的包袱，一面蹣跚地打算轉身離去，就在這個時候，像戲劇般的情節發生了，只聽到背後傳來一稚聲尖叫著：「爸爸！你不要走！」我都還來不及回頭去看到底是誰，另一慘不忍睹的不幸事件瞬間就發生在眾人眼前……

孫小弟弟因情急要追父親，結果一不小心從二樓連翻帶滾地跌倒在一樓的大理石地板上，不省人事地昏了過去。孫老先生在不敢相信的驚慌失措下，全身顫抖、連奔帶爬地抱起兒子仰天嚎啕大哭。於是，我趕忙叫已下樓來圍觀的資深同事們分頭協助找交通工具，我則上樓從剛領的兩百五十元薪水中抽出一百塊錢，陪孫家父子直奔醫院。

老天有眼，折騰了一夜，好不容易熬到天亮，醫生終於宣布孫小弟弟的生命已無大礙，但怕有腦震盪的後遺症，所以希望多住院觀察一天。我硬把一百塊錢塞在焦慮不安的孫老先生手裡，請他要多保重就折返回育幼院。一方面先向董事長和同仁報告最新情況，一方面則上樓去整理好我個人的衣物，並寫了好長的一封辭呈，下樓當面交給董事長後，我就直接走進院長的辦公室，二話不說就賞了她一個耳光，並破口大罵她沒人性。俗話說「惡馬惡人騎」，她大概是被我意外的大動作給嚇呆了，事後我不但花時間向同事們一一握手告別，而且還提著行李大大方方地走出育幼院，但均未見她從後面追殺過來。

從高雄搭回新營的火車上，一閉上眼睛，育幼院小朋友們天真可愛的面孔就會逐一地跳躍浮現眼前。我這樣來不及說聲再見就離開，不知道他們會有什麼樣的反應？不禁悲從中來而哭了。

有時想想，我的人生際遇還蠻有卡通畫面的，因為每一站上來的旅客都有人會主動關心，以為我是養女離家出走，或是遭遇到什麼黑道的欺侮等。

這種景象讓我想起後來到台北上班時，好朋友熱心邀我參加公益社團，受訓後被派到山區的原住民（我們的年代稱「山地同胞」或「番仔」）部落，勸導當地的父母們不要將女兒賣到平地當娼妓（那時尚無「雛妓」之名）。

原住民生於斯長於斯，跋山涉水、打獵追逐樣樣精通，簡直個個都是森林王子和公主，但對於像我這種平地的飼料雞，既無野雞悍，也少了放山雞的壯。當我跟著原住民同胞一直走一直走、又一直走，終於累得耐不住性子問他：「到底你們住的部落在哪裡？」嚮導黝黑的臉龐上露出個單純的酒窩，抓了抓頭，歪著腦袋傻笑地說：「就在前面，快到了啦！」

沒想到他所謂的前面，指的是兩座山的距離。到底山路有多崎嶇？而沿途自然景色有多美麗？我都忘到九霄雲外，只記得好不容易埋頭苦行終於到了目的地，當我喘氣地坐在一顆大石頭上時，兩腳竟不由自主地抽顫個不停，看到如此落魄可憐的情形，簡直笑翻了那些紋面的老婦人們。我堅持如果下山他們不是像迎親一樣用藤椅、竹架背或扛我下山的話，乾脆把我的戶口移到部落算了。總之下不為例。

服務目標大功告成後，那天由花蓮要坐早班火車回台北，霧濛濛的天色帶有幾許荒涼，火車站月台上候車的人寥寥無幾，年輕女性只有我一位，而在另一灌木欉邊卻蹲著兩位壯碩的中年原住民在竊竊私語，一個吸著菸，另一個則嚼著檳榔，他倆烏溜溜的眼睛，帶著笑咪咪的神情對著我直望，愈看愈讓我不自在。我故意不去理會，但只要偶爾回過頭去偷瞄一下，卻發現他們的眼光根本沒有從我身上離開過，而且每試必中，嚇得我心亂如麻，急得有點想哭，心忖：為什麼答應來為我送行的原住民至今仍未出現？萬一我為了做公益，不但好心沒好報，還被這兩位原住民乘機給強暴或輪姦了，豈不是大冤哉？

就在這一念間，突然聽到遠方傳來火車進站的汽笛鳴聲，同時替我做翻譯的原住民阿美也到了，我像看到了大海中的救生圈興奮不已，眼淚差點就掉下來。

火車終於進站，我以火速的身手立刻找到靠窗的座位，而這時候阿美緊跟著上了車廂，把手中一包想來是經過清晨露水滋潤過的報紙，因為已經有許多剝落及破綻處，直接就塞到我手中，然後彎下腰望著窗外，叫我往外看，原來是剛才那兩位原住民，正站在我的窗前咧嘴對我直笑。我因恐懼感仍未消除，快速地將身子縮回座位。

原本笑起來有幾分靦腆的阿美，聽完我剛才的憂心與猜忌後，居然笑得連車廂都響亮起來，接著才跟我解釋：「他們不是壞人，他們是部落的老大交代，要送給妳喜歡吃的玉米和烤番薯，感謝妳對我們族人的關心。」乍聽之下，我還以為自己不是重聽就是耳鳴，這麼溫馨的安排，而我居然以小人之心度君子之腹，簡直太可恥了。火車一開動，我用著既感動、尷尬，但又帶幾許抱歉的情緒，向窗外的三人獻上飛吻，並揮手久久。待坐回位子上，我的眼淚立即啪啦啪啦地流下來，已分不出是感動抑或感恩啊！

在此要特別感激母親當年的響應，在援救雛妓的行動中，為了取信於老鴇，甚至要求母親借了套女警的制服穿。多年後提及此件往事，警界的朋友都搖頭替我捏把冷汗，並且說算我命大，因為若一旦被發現是偽裝的員警，不但於事無補，還會被黑道活活打死。

前幾年，有機會因「墮胎議題」與輔大兩位神父教授聚餐，其中谷寒松神父是奧地利人，更是家兄留學維也納時的舊識，而我們倆共同的話題除此外，卻是有關協助樂生痲瘋病患者的經驗。我告訴他，台灣人拒斥去接近自己的同胞，而外來的傳教士們反而不害怕，並主動去關懷他們是令我最感佩的地方，他就像百年前的馬偕博士一樣。

由於早期人們對痲瘋病（又稱「漢生」病）此傳染症的恐懼，曾在我個人身上發生一個笑話──有一次為了給新莊樂生療養院送物資，因適逢冬季寒流來襲，我除了身穿大衣、頭戴帽子，又以圍巾摀住嘴，只剩下一雙眼睛露在外面。當我把一大袋東西放在院外固定的地方，轉身就要離去時，剛好有另一位固定也會來關懷的男性義工也送來一批物資，他看我全身包得密不透風，還以為我是院方的某位痲瘋患者，突然跑出來要迎接他，嚇得他半途丟了東西、拔腿就跑；等我會意過來欲告知其真相時，可惜我愈喊叫，他反而跑得愈快。

這個人嚇人的故事逗得谷寒松神父笑到不行，歲月真是不饒人，而這段記憶竟已是四十年前的事了。

用心經營，前程光明

當時我從高雄回到家，跟三老提及育幼院不人道的這件事，心中還是憤怒不平，並誇下海口，將來一定要自己開一家有人性的育幼院（幾乎快繞過半個世紀，終於在二〇〇九年底，我們基金會附設在南部的未婚媽媽庇護中心就要落成了*）。當年的我辭去工作後，就決定要另闢戰場往首都台北發展，並打算先賺錢再念大學，或一面念夜校，一面半工半讀，總之不想增加家裡負擔。

就這樣，我提著小行李箱，由南轉北，先借住在父執輩的朋友家。雖然環境陌生不熟悉，但路長在人的嘴上，我每天都以台北車站為中心點，分東、南、

編註：即「麻二甲之家」，於二〇一二年八月正式開幕。

西、北向，開始學搭公車去找工作，一直到後來念完大專夜間部，到國外補修完大學學分，再完成碩士學位及到美國進修輔導專業的課程等漫長歲月裡，從十九歲以後，我就沒再伸手跟父母親要過錢，反而賺錢幫助家計及栽培弟妹。

初到大都會，我天天看報找工作，也很幸運地，沒多久就找到了一個櫃檯工讀生的工作。當年台北市最繁華的地區是延平北路的大稻埕、西門町及中山北路一帶，每年入夏後的農曆五月十三是大稻埕霞海城隍聖誕，整個社區封街大拜拜，幾乎只能用人山人海來形容其壯觀盛況。

我當工讀生的公司，是某知名國際飲料公司，到公司報到才兩星期，就被分配要與外務員們隨貨車沿街挨戶去推銷產品，當我手提兩瓶汽水，躊躇著無法走進延平北路一段的任何一間店家，況且還向他們鞠躬啟口作自我推銷的行為。剎那間，突然失去信心且羞怯得想快步逃跑，硬著頭皮再度用求救的眼神，仰望著身旁領軍的業務前輩，他略俯身看了我一眼，用相當幽默的口吻在我耳邊低語說道：「黃小姐，他們不會管妳是誰，也不會在意妳父親是『民代』還是『米袋』，他們只在意妳要賣他們的東西是不是他們需要的內容和滿意的價格。」

果然一語驚醒夢中人，我就這樣踏出了向陌生人推銷人生的第一步，而且記得第一次領薪水到百貨公司買了一支口紅送給母親、一條領帶送給父親，以及一支髮簪送給阿嬤，尤其家鄉弟妹們得意地吃著我買送他們的各種口味棒棒糖，那份歡欣與驕傲至今仍栩栩如生。

坐櫃台當工讀生時，也發生過另一體驗。常聽人用類似「吹牛不打草稿」來形容誇張，或「騙死人不償命」來強化騙術之高明，但除非是職業的詐騙，否則人與人相處，在沒有時間和空間作判斷的壓縮前提下，第一印象的好壞有時卻也足以影響全局。

有一天，日本總公司的一位稽查員到台北代理公司進行突擊視察，當他走進辦公室時，因確認他是日本人，雖聽不懂他說什麼，也知道不是找我的，於是馬上很有禮貌地站起來跟他鞠躬，並以日文道聲：「早安！」再以日文請他「稍等一下」並「請坐」，同時立即通報上司。沒多久，就見老闆快步出來迎接進入他的辦公室，大約一個多小時的光景，這位日本客人準備離去，於是我再度站起來用日文跟他說「謝謝」，並道「再見」。

事隔一、兩個星期後，有一天，老闆突然找我個別談話，真令人受寵若驚；而老闆還劈頭就跟我說，他必須因自己有眼不識泰山，居然大材小用而向我致歉。這到底是怎麼一回事？原來那位稽查員回去向日本總社社長報告說，台灣代理商的管理實在太好了，連櫃檯小姐日文都是一流的，於是日本社長親自來電希望公司能重用我。

當我坦言報告老闆，我一生所認識的日文，也就是父親教我以上僅有的五句簡易問候語，若因此而被重用會不會對公司不利呀！雖是誤會兼笑話一場，但也正顯示在這個世上，唬人的東西仍有市場，而且也可以找到買主。

誠實面對需要勇氣

隨著年齡的增長以及生活的體驗，才愈能感受到什麼叫「事非經過不知難」，也才感受到要活得有尊嚴是種權利，但不需要為了尊嚴而把自尊心無限上綱，否則只會累了自己、甚至讓心長繭；況且人未必真能由每一次經驗中學到教

母親與我大兒子在菲律賓 Rizal 國家公園合照，後面牆畫為兒子於 1997 年被政府文化局甄選畫之，並展示至今。

訓，除非那個經驗夠慘痛，否則同樣的際遇往往也都會在同樣的處理態度上給放水。

在這個現實的世界裡，弱肉強食是競爭與鬥爭中的自然法則，如何讓自己不易成為失敗者，以及用平常心來接受失敗，恐怕是人格成熟的另一重要元素。

女兒 Elisa 從小在家就是其父親的寵兒、小公主，從幼稚園開始，一直都是學校的風頭人物且擔任班代表，突然在小四時面對變成單親的處境，她小小心靈上受到很不平衡且不解的衝擊，但因乖巧而壓抑，又因壓抑而早熟，終於有一天，她問我說：「不知該如何面對同學？」

於是，我把以上親身經歷的故事告訴她之外，並加把勁建議她：「誠實面對需要勇氣。也許妳會發現自己不是班上唯一的單親兒童，單親只是家庭成員的結構改變，但追求家庭幸福的本質是不打折扣的。」

隔沒幾天，女兒很安心地告訴我，她照我的方法跟同學們道出了心事，結果發現全班竟有十多位單親的同學紛紛來跟她交流、分享及彼此加油。

最近我才接到她越洋來電，告訴我其上班的大學裡有位非洲籍單親的黑人同事，好不容易力爭上游考上了正式公職，但由於單親媽媽要上班、上學，又要照顧兒女忙家務，可說是一根蠟燭好幾頭燒，偏偏其正值青少年叛逆的兒子令她十分心煩，不知如何是好，急得她都快得憂鬱症。後來經由 Elisa 出面，運用己身之經歷及同理心來溝通與鼓勵，才化解了這對母子的誤解與鴻溝。

Elisa 在電話中那頭開心地結語道：「阿母呀！（從小她就刻意如此稱呼我，而洋女婿也以『Abu』（阿母）跟進」妳這次寫阿祖、阿嬤跟您的三代女人一世情，而下一本書等我生了查某囝仔（女娃）時，妳就要再寫一本關於您、我和妹妹Emily，以及我們未來女兒們的『三代女人萬世情』知影（知道）嘸？」

大兒子 Edwin 是個專業漫畫藝術家，憨厚而內向，但一樣有顆善良的心。他曾經也因變成單親而自卑，但隨著年紀漸漸增長而有所領悟。幾年前，他和我一起為我們的單親公益團體編寫及畫漫畫，其中畫了一個頗嘲諷、但具幽默的四格漫畫，內容是兩位青少年在聊天，其中一位單親小孩對雙親小孩說：「我真羨慕你有雙親照顧。」雙親小孩不以為然地回應：「哪裡，我多希望少一個大人來管我。」說完他們彼此對看一眼，然後異口同聲說：「唉！多期待我們是孤兒呀！」

幸福美滿是一種理想的追求，但意義在哪？就在於自己心中靈魂深處的感受，你能拉馬到河邊，但不能逼牠去喝水。

相隔半世紀的重逢

阿嬤告訴我她曾算過命，命理師說她命屬孤寡，因此縱有壽，心靈上也會常感空虛。她的大半生幾乎都奉獻給我們這八個孫子，等到真正能回饋她時，她卻已不在人世間……真正享受快樂的時光不算多，但有件事是讓她晚年比較安慰和開心的事，就是她和她唯一的妹妹（我的姨嬤）的相見。她們自中國唐山一別，各自結婚成家後，將近半個世紀沒有音訊、也沒機會見面，因為阿嬤在福建廈門，而姨嬤則遠嫁到南洋呂宋。後來阿嬤又跟隨父母親到了台灣，中間歷經了不同的戰火蹂躪，以及個別迥異的際遇，加上交通、電訊及國界等的不便與斷割，雖然心中有彼此，但也只能放心上。

有時人生中死裡逃生的觸覺，就像被卡在煤礦坑道中，看不見前面的路，卻也回不了出口，喘不過氣的鬱悶彷彿生命掙扎中失焦的空鳴，而悲愴的沉痛和悽怨的無奈在心境上起伏是全然不同的，前者有如貝多芬〈命運交響曲〉般震撼，而後者則如古箏流水般幽幽中帶寒蟬，但兩者均是除卻巫山不是雲。

阿嬤和姨嬤因為我的穿針引線，得以在馬尼拉的華文及英文報上大登尋人啟示，才促成這段未了的手足情深，而機緣是起於我談戀愛的對象是位華僑，當時彼此試著去了解雙方的家世背景時，聊到阿嬤曾告訴我關於姨嬤的丈夫也是華僑，而且就在呂宋經營坨山（木材開採廠），印象中還記得其商號及姓名等簡單資訊，對方答應會設法替我們找尋，結果登報後不久就聯絡上了。為此，一生不搭飛機的姨嬤還專程由其三女陪同搭機來台，當時台灣各大報紙還爭相用很大的版面報導，這兩位分離時正值花樣年華，再相見時卻均已成斑白老嫗了，而只差兩年就半個世紀；當時，阿嬤姊妹相認相擁而泣的畫面令人感動。

全家上下興奮地接待遠道而來的姨嬤，她幸運沒有纏足，但也因此道出了另一段讓阿嬤傷痛不已的不幸事件。

姨嬤當年欲嫁到呂宋時，家人不放心，希望有個親人在身邊，於是就讓她二哥也一起辦移民。由於她的二哥（我的二舅公）水土不服，加上患有氣喘，身體一直虛弱，只能做些記帳或發薪等較輕便的工作，但他的存在對姨嬤來說，再弱的兄弟也是娘家的代表。

二次大戰期間，日軍曾侵略並占領菲律賓達三、四年之久（一九四一～一九四五年），由於二舅公氣喘發作，身體差沒體力跑，所以當姨嬤的丈夫帶著一家老小全部逃往山上去躲避日軍的追殺與空襲時，姨嬤則負起背著她二哥逃難的工作，好不容易一次躲過一次，直到最後，當姨嬤要讓背後的二哥下來時，才發現二哥早已趴在她背上死去多時，致死原因則是背後中了日軍槍擊，流血過多……

姨嬤說令她最難受的，是二舅公中彈後竟強忍著痛苦，寧可血流至死還緊抓住她不放，也不願意驚動她，怕妹子跟妹婿全家十幾口因他而耽誤了逃命的機會；姨嬤跟阿嬤說，二舅公的屍體是他們夫妻倆用手在森林中挖洞葬下的。

阿嬤一面聽著，一面不斷地啜泣流淚。直到姨嬤又告訴她們的母親（我的外曾祖母）往生的時間，以及生前對阿嬤的思念……等家鄉親人的訊息，阿嬤終於激動而無奈地仰頭淒厲地連喊了好幾聲的：「娘啊！」兩姊妹當下更是唏噓不已。阿嬤曾告訴我，他們曾家有四兄妹（兩男兩女）但其母親特別疼她，難怪阿嬤聞耗會如此這般地難過，今生今世母女就此再也無緣相見，恐連圓夢也難矣！

也因為對這些內幕有所了解，才沒有針對姨嬤的冷淡而產生誤解——早期請吃日本料理，對台灣人而言實屬高級的招待，所以姨嬤第一天抵達台灣時，是我到台北松山機場（當時的國際機場）去接機的，原本訂好了日本餐廳要為她接風洗塵，但姨嬤人已到了餐廳門口，卻堅持不肯坐上榻榻米，也拒吃日本料理。也許是初見面她不好意思直說，就以急欲見阿嬤為由，叫我買火車票直接陪她到新營，寧可在火車上一起吃著鐵路便當，害我覺得相當內疚，但姨嬤和表三姨則嘖嘖稱讚很好吃。

姨嬤在台灣停留了半個月，父母及我均極盡地主之誼，讓她們母女留下了相當美好與深刻的印象，也因此當她們返回菲律賓後，替當時正在追我的丈夫做了身家調查，並促成了我們的這段姻緣。阿嬤曾跟我丈夫開玩笑說：「你替我找到了妹妹，我替你找到了妻子。」

姨嬤的丈夫在她五十歲不到就去世，而她一直是丈夫生前的好幫手。姨嬤的個人打扮更是中性化，開襟的無領花襯衫兩邊有口袋，下面則穿長褲，她私下告訴我，其一生除了當新娘那天外，從未再穿過裙子；她堅持自己既當了職業婦女，就應與男性打扮雷同，並平起平坐。她的口袋一邊放鑰匙，另一邊放鈔票，並掌控整個公司上百名工人的運作，以及七個尚未成年兒女的教養責任。姨嬤的人生哲理就是——要往前走，就得隨時準備甩掉過去，也許不是全部，但至少別背太沉重的包袱走；因人生只會老，太在意就會老得更快。

姨嬤要離開台灣的那天，她和阿嬤兩人起得特別早，想是前一夜均無法入眠吧！姨嬤的髮型是直髮長過耳，呈現全部往後梳、再塞耳後的時代感；阿嬤則是長髮披肩，先得梳緊密，再綁好盤成髻，髮髻與髮根間再插上簪裝飾的傳統型。姨嬤很用心且耐性地看著她姊姊梳頭的動作，而阿嬤則由鏡子不時瞄著站在她後方的妹妹，時間一分一秒安靜地過去，她們可能希望在默視中牢牢地記住對方的臉，就像鏡子裡自己的倒影一般，因為再也沒有另一個半世紀可以等她們重相逢了，彼此心照不宣，這將是她們姊妹最後一次的見面了。

離別分手時，雙方眼眶都是紅的，但就是誰也沒把眼淚流出來。阿嬤舉起雙手再去撫摸姨嬤勉強擠出笑容的雙頰說聲：「妳要好好保重啊！」姨嬤大概因長居菲律賓南島、受西班牙文化（西班牙曾統治菲律賓三百三十三年，一五六五～

外婆與姨嬤（左）歷經戰火逃難，48 年後再相遇。

一八九八）的影響，她用兩手牽起阿嬤的雙手背，放在自己的唇上，低著頭久久地長吻，抬頭望著阿嬤已含淚的眼睛，語重心長地說了一句：「阿姊，我若有機會一定會再來看您。」

姨嬤並沒有機會再來看阿嬤，因為阿嬤走得比她早。幾年後，當我隔著越洋電話告訴姨嬤阿嬤去世的消息時，姨嬤雖有點吃驚和難過，但最後卻平靜地跟我說：「能活到八十歲且兒孫滿堂，我阿姊她也算是個好命人。」

只是，姨嬤心殤的版圖卻又擴大了。

第三部

女人夢一生

每個祕密都是一張蜘蛛網，可以複雜到需要有抽絲剝繭的脈絡；到底要先找到蜘蛛網再去找蜘蛛，還是找到了蜘蛛網卻找不到蜘蛛，或是蜘蛛跟網早已經糾葛纏繞著，導致怎麼也參不透其所以然來。祕密，是主觀的認定，也是心鎖一把，擁有它是種神祕的浪漫？還是甩不掉的煩惱？

悼己

某一天
種了一棵不知名的樹
在某個不起眼的地方
某一天
選了一個不特別的甕
寫上不重要的名字
某一天
完成了不意外的事件
辦一場不刻意的葬禮
某時刻
用不特別的甕
裝不重要的灰
埋在不知名的樹下

我自己成家後，愈發現到一個人出社會後，家世、背景、學歷證書、身分、地位財富及容貌都是被列入評比的項目，但有一樣最重要的，是人品中不可缺的教養問題。教養兩字很抽象，說穿了就是家庭教育、學校教育與社會教育的成果，家教不單純只是跟生活的品味以及應對得宜有關，而是一種真正內化的人格薰陶。

樸實作風與貼心教養

在我小時候，父親曾當過里長。那時候的台灣還相當落後，並沒有現代化的化糞池，因此都需靠地方政府雇用清潔工，挑著木桶挨家挨戶裝糞，再倒入像今日裝石油用的水肥車集中處理。

每次從學校放學回家，老遠看到水肥車就開始準備把鼻子捏住，然後快步閃過中庭、躲進家裡，因為每次出動水肥車載滿了糞便後，只要路經我家門時，父親通常都會邀請挑糞的工人們抽根菸、喝口茶，或休憩一會兒再出發，但這卻是我最痛苦的事，因為一坨大便已夠臭了，何況是一整車的屎和尿就擺在你面前。

當我手捏住鼻子，連奔帶跑地乘機往家門鑽時，卻被母親叫住，並要我跟這位阿伯打招呼，跟那位叔叔問候，不得已只好將手一放。但鼻子捏愈緊，一放手就會吸得愈深，因此不但躲不了臭，反而聞得更臭，甚至臭到反胃想吐。事後，父親則告訴我們：「你嫌臭別人就聞不到嗎？別人替我們處理自己不想、也不會處理的屎尿問題，我們要特別感謝和感恩，豈可在他們面前憋氣或捏鼻子？」

小時候的另一次機會教育是，我聽到阿嬤在交代傭人如何用水清洗各房間的家具和地板，但唯獨要求客廳用掃帚掃一掃就好，不必用水擦洗，傭人好奇地問原因，阿嬤的回答是：「老百姓，尤其是庄腳的種田人，很多是生活不好、沒鞋可穿的艱苦人，他們碰到了困難來找民意代表，就像進了古早的衙門一樣，是非常惶恐和不自在的，所以把客廳打掃得太乾淨，他們打赤腳或穿草鞋的就不敢踏進來了……」

父親擔任議員會連任，我一直認為跟他樸實平民化及草根的作風有很大的關係。

我一直相信「禮不可廢」，不但是家教，也是一種文化的交流。我二十多年前剛從國外返台，不論擔任大學客座講師，還是民間企業團體的主講人，當時在演講前或是等到演講後，都會碰到一個尷尬的情形，就是主辦單位會很直接地把講師費用現鈔當面拿給你，有的甚至怕會出差錯，當著你的面重新將鈔票數一次，碰到這種情形，我都會用以下發生的故事與他們分享，希望能獲得改善。

這也是發生在父親當民意代表時，有位年紀頗長的盲眼老先生手執著枴杖，由其十一、二歲的孫子攙扶著到父親的服務處來申訴。當父親為他解惑後，順便趨前去關心問他們公孫倆吃飯了沒？那位打赤腳的小男孩頭低低的，無精打采地搖了搖頭，於是父親要母親去拿些錢給他們吃飯和當車資用，母親身上有的是錢，但卻沒立即掏出，反而特地到房間去找了一個信封，將錢放在信封裡。我好奇地問母親給錢幹嘛還需要裝信封，母親當時說的話讓我終生受用：「來者便是客，他們不是乞丐，沒有向我們伸手要錢，待客要有待客之道。」

因此，不論身處在優勢或困頓的環境中，我均慶幸自己隨時都有一顆較柔軟及體貼的心陪伴著。

好家教讓人逢凶化吉

在我主政的屋簷下，從小就教兒女們如何降低自卑感和虛榮心的重要性。世間人，比上不足比下有餘，我雖沒有把他們生得特別俊俏或美麗，但至少讓他們身心都健健康康，這是何等的幸運！豈有自卑的道理。

「羨慕」是種可以欣賞與分享的雅量，但「虛榮」則易產生嫉妒的負面情緒，讓自己的佔有慾替代了客觀條件的認知，最後可能引火自焚。引用父親從小就警惕我們的一句「呣通乞食欲學仙」（自不量力），安貧樂道真的是活出自在的哲理。

東南亞一帶的華僑大部分都是外來的移民人口，而且百分之九十五以上都是以經商買賣為主業，商人多重利而寡情，雖不能以偏概全，但也算是勢利的通則，否則哪來「商人無祖國」的嘲諷及「富不過三代」的喟嘆？甚至很多家庭在「有錢能使鬼推磨」的傲慢態度下，把自己當成一等公民而瞧不起當地的住民，不是把工人當下等人來使喚，就是對女傭拳打腳踢；已經上了小學二、三年級，還由傭人來替他穿鞋、餵食，而提書包上下學者更是不勝枚舉。

我在菲律賓期間，身為商人婦，家裡經常維持八到十位傭人的年代裡，從小就規定兒女不准對工人大聲吆喝或見面不打招呼，因工人是雇來幫父母忙，而非供子女差遣的，千萬別自以為是。孩子從兩歲開始，我就訓練他們自己動手吃飯，傭人只在旁輔佐，就算掉了一地的菜餚飯渣，事後再清理也無妨。等到上幼稚園或小學一年級時，就開始養成吃飯前要逐一唱名，請大家一起來共用；飯後一定要將碗筷餐具放好，並說：「我吃飽了，大家請慢用。」還得將使用過的器皿拿到洗水槽擱置才能離席。碰到傭人休假時，孩子們得取代其清潔工作。

菜餚中如有自己特別喜歡吃的食物，例如小孩子都喜歡吃炸雞塊，一旦盛盤上只剩最後一塊時，除非長輩開了口指定，或是問過大家而與座者都樂意禮讓的原則下，否則再喜歡也不能拿取。憑什麼最好的都得由你來撿便宜？家教好壞與否，父母親的原則與貫徹是決定要素之一。

發生在我們家中另一件與家教有關、而且還上了報的事情，是在我小女兒Emily 念幼稚園小班時的事。當時有件關於華僑的綁架案，其破案經過十分荒謬，連警方都直呼不可思議。

話說有個菲籍綁匪到華語學校要去綁架一位華僑富商的小孩，關於這個孩子的長相、高矮和體態，指使者全部都有交代，於是綁匪就朝鎖定的目標進行並得手，不料卻出了烏龍，發現綁錯人。當要再進行第二次綁架時，因消息走漏綁架不成而被捕。此匪徒在警局招供時，說出了這段差點沒讓我們夫妻嚇破膽的內幕。

原來在被鎖定的華語僑校的範圍內，共有兩家學校且距離不遠，綁匪看不懂華文，所以誤認了目標，當然也就會綁錯對象。但依照常理，就算知道綁錯人，也會乾脆將錯就錯，好歹也有贖金拿，為什麼此綁匪沒將錯就錯，反而還把人質送回原地？主要原因竟是他發現交代綁票的目標是個念幼稚園的小女生，非常刁蠻兇悍且會拳打腳踢，若尖叫起來更是恐怖，所以要求綁匪一定得帶封口用的塑膠布。

可是當綁匪尚不知已犯錯誤，把馮京當馬涼時，他覺得指使者把目標形容得未免太誇張了吧！因為當他對誘拐的這個小女生說：「你家司機今天肚子痛、不舒服，叫我替他來接妳回去。」這位四歲不到的小女生居然跟他說：「沒關係，謝謝你。」就自動地上了車。當時綁架的時間是選在下午休息吃點心時，這位坐在後座的可愛小女生打開自備的點心餐盒時，從裡面拿出一塊三明治，在沒開動之前竟先客氣地問他：「叔叔，請問你要吃嗎？」

這時綁匪起了疑心，從後照鏡看，愈看愈覺得不對勁，因為這個小女生太有禮貌、太有家教了，不要說毋須動用到膠布，你連動手要用力去抓她都捨不得。於是他開始跟這小女生閒話家常，一問才知道真的綁錯人了，趕緊把她送回學校。小女生雖然完全被蒙在鼓裡，但到了校門口下車前，仍跟綁匪道謝，並說聲Bye-bye。

她自己撿回了一條命，事後警方辦案到家中來問她，為什麼司機又送她回學校？她說司機臨時喊肚子痛……故事中這位可愛的小女生就是我們家的么女Emily，一直到她上了大學後，我才敢告訴她這個奇遇，這也是為什麼後來孩子們的接送不再用司機，全由丈夫自己來。好的家教讓女兒逃過劫數並逢凶化吉，也許不是人人都如此幸運，但至少它曾發生過。

小女兒 Emily 知道我在寫這本書時，有一天，她突然主動興奮地問我：「媽，我可以提供您一個有關我跟外祖母有趣的故事。」

那時候，我幾乎每年都會帶孩子們回台灣探親及度假，大部分時間又以在新營老家陪父母為原則，既可增進親情，又可讓孩子們學習母語及享受三代同堂的樂趣（夫家方面，公公較早逝，而婆婆在我入門後第四年也病逝了），這件事是發生在她念小學三年級的時候，有天下午，母親說要帶她去看小朋友的電影，其實是去找戲院的結拜姊妹聊天，母親怕孫女兒無聊，所以就叫她自己去看電影，反正電影院是姨嬤開的，不用花錢隨時可進入。

可是由於母親的一時疏忽，讓十歲不到的 Emily 上了一堂她永遠難忘、不但刺激和好笑、且回憶深刻的性啟蒙。當時由於錄影帶業興起，導致一些鄉下的老電影院很難維生，不是因不景氣關門歇業，就是走偏鋒，利用法律邊緣在下午時段偷偷播放色情小電影來吸引男性觀眾。

母親在完全不知情之下就叫孫女自己去看電影，結果 Emily 說，她覺得為什麼看電影的觀眾都沒半個兒童，全是一些老伯伯，而且電影一開始怎麼看就是看不懂故事，只看到一開始女人脫衣服然後……

老闆娘及負責在戲院門口撕票的阿桑（中年婦人），與母親三人就在戲院門口聊得正起勁時，突然轉身一看，意外發現怎麼會有個小女孩坐在觀眾席上看A片，於是走上前去一看，才發現原來是母親的外孫女，嚇得趕快把 Emily 帶走。幸虧才開演不到十分鐘，否則後果不堪設想，兩、三個老太婆自覺慚愧地笑成一團，事後母親交代孫女兒千萬不能讓父親（阿公）知道，否則不被關禁閉，也會被罵慘。

Emily 說，將來這段故事不僅可以說給她的女兒聽，還希望可以說給她的孫女聽。而我則認為，阿嬤帶我去看鬼片和母親帶我女兒去看A片，都是同樣地恐佈。

以堅強成就家人的愛

大女兒 Elisa 婚後買了新房子，邀我無論如何去小住一番，在她家的後花園裡，她如數家珍地告訴我種了哪些花花草草和青菜水果，閒聊間一樣感慨，如果她外祖母（我母親）也在的話該有多幸福，因為她很懷念在新營與阿公阿嬤共處那近一年的歲月，她覺得倔強是咱家母系的基因遺傳，但一顆體貼對方的心卻又不衝突地存在彼此的親情血液中，她也補充了一則自己與外祖母之間的陳年往事。

在 Elisa 的印象中，她外祖母很明顯是重男輕女者，從不叫她哥哥 Edwin 做事，責罵起來也不同調。記得有次佛祖生日要拜拜，台灣一般家庭的神明供桌都會以正面安神位，側座安祖位，母親要 Elisa 上二樓去把香爐拿下來，結果才九歲的她根本分不清哪個屬神明、哪個又屬祖靈，於是錯把敬祖用的香爐拿了下來，被她外婆大大斥責一番。

結果，她挾著壓抑、委屈、憤怒與羞愧等各種複雜的情緒而反彈，生氣地轉身直奔二樓躲起來賭氣，而她外祖母也懶得理她。巧合的是，當天近傍晚時，有人送來一個大蛋糕。Elisa 從小就嘴饞且愛吃，因此綽號叫「阿肥仔」（胖妞），她躲在二樓，從樓梯縫看見阿公開始在切蛋糕時，心中已食指大動就快流口水了，可是礙於自尊心只能望梅止渴，但就在此時，她卻意外與外祖母的眼神交會，嚇得立刻將頭縮回去；接著她看到外祖母雖仍擺張撲克臉不作聲，卻比手勢叫她下樓吃蛋糕，於是 Elisa 藉機下台階，嬤孫倆在彼此的倔強中捧出溫柔的心，適時給予對方感動。

當我們變成單親家庭後，我把三個孩子從菲律賓帶回台灣，暫時寄居新營老家，並插班就讀我過去的母校公誠小學。

後來因我在台北工作，三個孩子在隔代教養下，雖有親人的關照，但終究與父母親的愛是有差別的。加上在學校裡有語言隔閡、功課進度不能配合，以及同學們的種種歧視與後遺症，因此一年後，大兒子 Edwin 在某天夜闌人靜，母子相依聊天時，突然問我一句：「Mom, Where is our real home?」（何處才是兒家？）淚水幾乎同時出現在我們彼此的臉上，於是我跟他們三人討論並做出決定。歿了父親，而身為母親的我又必須在大都會工作，無法全心全職的照顧，對年紀尚小的孩子們而言，其心靈上的滿足總是缺角的。既然在台灣生活不適應且費用又高，但最重要的一點是他們並不快樂，不妨就讓他們重返其出生的原成長地，較易恢復昔日名列前茅的自在與自信，只是從此兄妹三人必須更團結、更堅強才行，因為一旦他們三人逕自重回菲律賓就學，則將面對我仍須留在台灣賺錢的現實，如此一來，他們勢必真正陷入既沒爹又沒娘的辛苦處境。

最後，孩子們還是選擇回去馬尼拉，於是我先辭去在台灣各大學客座講師的教學工作，改成自由業，孩子們的就學及生活等一切安頓好後，從剛開始的不放心，我每個月抽空自台灣飛菲律賓，回去看他們一趟；直到較安定後，改成兩、三個月回去一趟；到最後演變成一年中他們放暑假來看我，而聖誕節我回去跟他們過年，當時兒子十二歲，大女兒十歲，小女兒才八歲。

就這樣，他們三兄妹每天清晨五、六點就得自己摸黑起床，打點一切並趕搭校車去上學。套一句「歲月如梭」來比喻，一下子這個孩子小學畢業，另一個又進了高中，等這個高中的畢業，大學的那位卻還在就讀，他們三個人必須從小就學習合作張羅食衣住行，雖然當地傭人工資便宜，但不敢請全天候者，怕孩子們一上學放空城，隨時可以來個大搬家，因此只能請位星期六、日來清掃及洗衣服的臨時工。

至於家事方面的分配，大兒子掌管門戶及兩位妹妹的人身安全，還有每天外出倒垃圾的工作；大女兒則負責採購及煮飯做菜，而小女兒則負責清洗碗盤及協助廚房工作等；一旦考上大學到畢業為止，幾乎都保持績優，並主動去兼家教賺零用錢。大女兒曾因星期假日需到傳統市場買菜，以致被菜販喊叫「太太」而尷尬不已。試想她的同學中，又有誰像她才十一、二歲就得定期上市場買菜？但也因此造就了她廚藝出眾、又能享受美食的基礎。

三個孩子個別的成長經驗與記憶中，都有一段故意塵封不想多談的隱私，卻又彼此可感受到的辛酸，其中包括小女兒才八歲，逢颱風、停電的日子，小小年紀就必須獨自試圖在沒有父母陪伴的黑夜抗拒恐懼的侵犯，小時候她沒安全感、最愛哭，可是長大後卻很少流淚，我不禁捫心自問，難道不是童年時代哭了也沒用所造成的刻意堅強嗎？兒子更跟我提起當年幾次和妹妹們感冒或生病發燒到快四十度時，連昏睡或夢魘中叫的喊的，竟然都是：「媽，我痛苦得快死了，但還是要告訴您，我好想您，我好愛您，多希望您能在身邊……」。而就是這樣彼此靠著愛的堅定信念，以及追求未來全家團圓的希望，歷經了十四年，我由衷以他們為傲的這三位平凡卻勇敢、堅強又乖巧的子女，終於陸續畢業於國立菲律賓大學後，我們母子四人才得在台灣完成一張正式的全家福照片，至於中間空白那段的影像，只能各憑意願去完成片段的拼湊了。

阿嬤與母親的心事

很多單親孩子心智早熟是在由不得自己的環境下催生的，表面上看起來很堅強、勇敢，但事實上，每個單親孩子的心理層面，都有許多不為人知的不愉快經驗，為了孝順、不讓母親或父親傷心及煩惱，他們多半會選擇用不同的方式來武裝自己，有時候這種小大人的角色才是讓為人父母者最不捨的。

這世上每個人幾乎在心中都有一座祕密花園，不論是自己創造，或是與他人共構的；也不論這座花園是屬城堡中神祕的部分，還是農莊的全部。總之，祕密就是祕密，縱使從花欉中採擷一株玫瑰，也無損滿山遍野的春色。因為大小祕密有如玫瑰梗上的銳刺，一直都不斷地在往上攀生，只要不刻意去觸碰它，縱使埋葬不了礙眼的棘刺，但至少也可用阿Q的方式逃避其威脅；可能這也是為什麼若擁有太多不可告人的祕密，恐是造成精神壓力或崩潰的潛在因素之一。

相對地，能與人共享他人的一些祕密，卻也是彼此建立人際關係上很重要的信任基礎。至於為什麼要承諾保密？很多時候，你會發現當有人告訴你：「我跟你說，你不要跟別人說，如果你跟別人說，千萬不要說是我告訴你，不要跟別人說是我跟你說的……」的祕密時，通常多屬動機不單純且半公開化的路邊消息，往往也只是道聽塗說的謠言罷了。祕密的內容對當事人而言，可能有其個人無法獨當面對或承受的沉重，但對分享者而言，卻可不當一回事，也可自認為被授予重任。

每個人從小就可由其生活養成的教育中，培植對祕密層次的判斷與擁有祕密能力鑑定上的經驗，記憶中，像求學時代與同學們在共犯結構下的各種調皮叛逆或作弊等好奇、冒險、挑釁或純屬好玩的行為，也許你個人當時並不以為然，更遑論贊同，但在害怕被同儕排擠的情況下，你當然不敢正氣凜然地公開反對，但也不會當抓耙仔去跟老師通風報信。於是，你目睹了一個公開祕密，卻又必須為

母親與阿嬤一同出遊。

這個祕密背起不得洩密的不成文約束，這種類別的祕密尤其發生在群體中，包括學校、幫派或勞改營中，更是不勝枚舉。所以，祕密不在其內容的實質，可貴的在於那種彼此分享能意會而不需再去言傳的無形力量，以及自己不必孤立或面對寂寞的情感世界。

在揭開廢墟中的祕密，或想更進一步去探討每個專屬的心情故事時，你就不難發現每個祕密都是一張蜘蛛網，而且可以複雜到需要有抽絲剝繭的脈絡；到底要先找到蜘蛛網再去找蜘蛛，還是找到了蜘蛛網卻找不到蜘蛛，或是蜘蛛跟網早已經糾葛纏繞著，導致怎麼也參不透其所以然來。可見祕密就是祕密，是主觀的認定也是心鎖一把，擁有它是種神祕的浪漫，還是甩不掉的煩惱不得而知，但若不想擁有它，不妨就當是南柯一夢，醒後就失憶。

阿嬤和母親算是典型相依為命的孤女寡母，照理說，她倆的情感應是水乳交融、密不可分，但自我懂事以來，就曾多次遇見她們面對面衝突，雖不至於到劍拔弩張的局面，但針鋒相對的場景從不缺席，不是突見母親怒氣沖天，不甩阿嬤賭氣奪門而出，就是看到阿嬤感傷，幽幽地舉袖拭淚或是長吁短嘆。在我尚無法分辨是非或真正了解複雜成人世界的童年，同情弱者是唯一的抉擇，因為當時年幼的我也是弱者。

所以，只要看到她倆一言不合，而母親又採選擇性地逃避或脫離現場，只留下裹小腳無法遠走高飛的阿嬤時，我的惻隱之心就很容易被挑起，總會主動去倒杯溫茶，體貼地捧到阿嬤面前安慰她，再用自己的小手心，輕輕地撫拍她啜泣而顫抖的後背。印象中，有一次阿嬤在感動之餘，竟把我擁進懷裡，口中並喃喃自語地說著：「唉！等妳長大為人母後，妳就會了解阿嬤的心情。」

當然，事過境遷且隨年歲增長後，終於在某個因緣際會下，讓我同時擁有她們母女共建下，歷經了年代記憶失修但卻難忘懷的祕密花園的門票，究竟還是窺豹一斑地發現一些令人不勝唏嘘的場景。

父親一生苦樂智勇

請容許我把眼前的故事場景先跳個 Tone（步調），回到前述。

孩童天真無邪的視窗裡沒有智慧這種東西，有的話，也只是成人眼中耍酷的小聰明和小把戲罷了，實可套用《西遊記》中孫悟空難逃如來佛的手掌心來形容彼此間的關係。也因為如此，當一個六、七歲的孩童被要求去跟成年人共享其祕密時，是一件多麼值得驕傲和榮譽的使命，儘管為了保密而無法向其他玩伴炫耀內容與過程，心中難免會有些失望。但另一方面，孩童因其被信任而建立的自信心卻只有加持的作用，雖然長大後才發現，原來當年大人們賦予分享祕密的重任，說穿了，是在某些部分利用了你的天真無邪、單純和善良的人性面來充當偽裝或加工的功能。但唯一仍值得慶幸的是，他們彼此只是利用去走私感情，而非販毒。

話說父親年輕時是村莊裡頭的「好腳色」（有膽識的人才），個子雖不高，卻長相英俊，他出生於台南縣後壁鄉菁寮村，是雙胞胎，出世時家徒四壁，其母奶水不足，只好設法籌錢買奶粉回來餵兩兄弟，結果被饒舌的鄰居背地惡言中傷，謂之「夫妻自己生活都過不去了還敢生雙胞胎，而且哪來錢買奶粉？一定是去跟人家偷來的……」其父感傷憤慨地喟嘆：「貧窮本無奈，難道連無辜的孩子一出世也要擺明著被蹧蹋與欺侮不成？」於是忿怒之下，在報戶口時，便將雙胞胎兄弟長子取名「明欺」，次子則取名「明侮」作為銘志，但因當時戶政事務所的承辦人不知「欺侮」的「侮」如何寫，就憑諧音寫成付錢的「付」；後來其生父母在不抵困頓生活的壓力下，終將父親過繼給同宗黃姓家人當養子。

父親與其孿生兄長生產時間一個在上午、一個在下午，中間相隔好幾個小時，日後長大成人，其兄身高一七〇公分以上，而父親卻只有一六五公分左右，所以父親常幽默地說：「連同樣是雙胞胎，在肚子裡就開始被欺侮了。」但長大成人後，其兄終身是苦力的莊稼農，而父親則是走政商的白領路線。

為人養子的童年，幾乎都在被虐中帶著辛酸窮困地成長，而在那個普遍困頓的年代裡，存活著就是件不簡單的事。父親只上過正規國民學校三年的課，才八、九歲就被迫連颱風天，水已淹及胸口，在載沉載浮的險狀下，仍得趕種豬到他村交配；再長大到十五歲時，就被派遣去當人力車伕之類的勞力工作果腹。

日本占領台灣時，設立在台南縣烏樹林的台灣糖業公司有一位名叫中村的主任，父親應徵當其私人車伕，每天主要工作之一就是推專用輕便車（只有單一車廂），載中村的兒子來回上下學，不同於可載人或載貨且由司機駕駛的五分火車（短程的小型火車），從前菁寮（地名）一直推送到水上（嘉義縣境內），其中有段路線還需經過鐵橋上的鐵軌。

在我寫此書時，父親已九十三歲，但提到這段不堪的回憶時，他脆弱地紅著眼眶跟我說：「我活到今天，只要一想到當年那一幕的情境，都還會全身打顫。」一個青少年汗流浹背，賣力拚命地推車倒也是種體力的磨鍊，但每次戰戰兢兢地使勁用力推著輕便車的同時，眼睛卻要緊盯著腳下的軌道，不能踩空步伐，否則只要稍微有個閃失或意外，整個人可能就直接由橋上跌落到橋底的溪流而被沖走，所以不止是體力上的消耗，更是精神壓力的折磨。

到了十七歲，庄仔頭（村裡較熱鬧的地區）有位玉山叔看上父親的負責任態度與能吃苦耐勞的特質，也是給他一份人力車伕的工作，雖然比較不危險，但也夠辛苦的，父親搖了搖頭，感慨地說：「人窮就得當馬牛。」他頭戴著斗笠，身軀卻像牛馬被套韁一樣，在自己的前肩套上橡膠皮帶，身體向前傾，雙手拉著木板製貨車，而老闆玉山叔則在後面跟隨，以防萬一可有個替代。一路空車由菁寮到嘉義的青果市場點買蔬菜水果，再沿途經過水上、新營等地分散貨物後到後壁寮，每天載的貨物重量約在兩百台斤上下，而父親這一生個人的體重從未超過七十公斤。

雖然成長的歲月中幾乎都在缺乏親情的挫折中挑戰，但父親依舊克盡孝道，更不忘以「龍非池中物」來鼓勵自己上進，所以後來父親精通漢、日文，全是自行苦學而來。他的啟蒙教材就是報紙，在他拖車送貨過程中，每天將包蔬菜水果等廢棄的報紙留下熟讀，不懂的就馬上請教村子裡懂漢文的前輩們，由於他的勤奮，許多人都樂意栽培，等到他字懂得多了，再讀《三國演義》、《封神榜》等小說，但後來略涉及《春秋》、《史記》等傳記文學，均是到中國認識母親後的事了。父親最喜歡的小說是《三國演義》，記得我才念小學四、五年級，他就教我用台語背〈出師表〉，我至今仍只記得前面的幾句，但就足以唬人了。

至於日文，則是利用白天與日本東家的家人互動上先學會話，尤其每天利用推輕便車送東家少爺去學校的來回休息途中，拿對方不要的學校舊讀本來練習，更因夜間一片漆黑且家中無煤油燈可供他讀書，於是只好佇立在路邊久久才有一根的電線桿下，來協助完成他自修的功課。父親的勤學讓日本頭家一家人特別賞識，不但將一些日本的舊書籍及雜誌免費送他利用，並糾正及教他分辨不同階級與層面的日文用法。

父親常說「一種米養百種人」，不論是哪一個國家或民族的人都有好與壞，但最好不要當殖民地的人，因為殖民地是戰爭的不良產物，而戰爭卻是扭曲人性和摧毀自尊心的最佳手段，他雖欣賞日本人的乾淨與誠實，但相對地，也目睹了一些日本人在台的惡行惡狀。

以致後來當他看見某些惡質的日本占領者欺壓村子裡憨厚的百姓時，具有正義感的父親竟一時衝動，奮不顧身地跳出來狠狠修理對方，結果反成了官方通緝的對象，最後只好帶著鄉親們的不捨與祝福離鄉背井，以免被羅織入獄。

起因是由於村子裡有位老農拉牛要上田裡耕作，走在路上，牛不知為何突然停下來拉屎，台語俗話說：「趕人生趕人死，趕人放屎無道理。」就在這時候，偏偏巧遇一名路過的日本兵，大坨的牛糞落地時，不小心糞汁噴沾到此日軍身上，於是他氣惱地除臭罵這位無辜農民外，還兇狠地抓起對方的頭髮，並把他的臉整個往牛糞上栽壓。

當時引來村民一陣圍觀與騷動，雖感震驚與憤怒，但誰也不敢出面。由於父親練過功夫又勇敢，於是村子裡的人趕快去找他出面。父親見狀，真所謂是可忍孰不可忍，奮不顧身地躍上前推倒日本兵，並拿起地上的牛糞抹他的臉，眾人見狀，一窩蜂嚇得魂飛魄散，各自鳥獸奔。而父親也混在人群中跑掉，但也從此步上了另一個人生的轉機。

父親在逃亡期間，也曾到過苗栗客家莊，躲在茶山工寮裡打工，距離被茶園莊主賞識而有意將他入贅當女婿只差一步之遠。但終究難逃命運的安排，就在一念之間，他決心走向更遠的國度去拚一下運氣。

於是攢錢買了一張船票，孑然孤單地搭上往中國廈門的航程。父親曾告訴我，因他從小就與貧困和飢餓搏鬥過，在殘酷的現實生活中，更歷經了數不清的苦難，早已磨光他孤芳自賞的傲慢或自艾自憐的脆弱，當他在面對任何困境或挫折時，很少會以感傷來表達內心的情緒，因此他第一次流淚，竟然就發生在他十九歲，離開自己祖國台灣要到中國去的那一天。

當他回憶起這段陳年往事時，灑脫中仍難抹一絲絲的心酸。他說當汽笛鳴聲一響，大船即將駛離台灣基隆港的剎那間，碼頭上下人聲鼎沸喧譁中，個個雖均帶著依依離情，但他發現每位站在船上的人和碼頭送行的對象，幾乎都有默契且彼此能四眼對焦，在互動中熱情揮手或浪漫與不捨地互道珍重，父親終於忍不住心酸地落淚，因為唯獨他沒有半個親人能來為他送行，更無法想像未來的茫茫前途，因此再也按捺不住塞滿孤單與寂寞情緒的發作。

等他後來在中國廈門的警政署找到一份漢、日文的翻譯工作安定下來後，過了幾年，才在一偶然機會中認識了母親，並結婚生子。

父親於一九四六年偕母親及大哥重回台灣、他的祖國懷抱後，鑒於當時國民政府挾六十萬大軍入舉台灣後，加上後來分批逃離中國到台灣的難民，統計約二百萬人，一時擠爆了台灣島，而且不是以中國內戰的輸家，卻以盟軍代表接受光復台灣的贏家來接管並統治。這塊已被日本管轄五十年且已改變很大的台灣，由於當時被局勢所迫流亡到台灣陌生的中國人，與在台灣已世代生根的台灣人（後來演變成外省人與本省人之代號），在彼此完全缺乏認識與了解（如軍方的眷村及公家機關專有宿舍的隔離）且無互信的基礎下，從中央到地方均有許多不得民心或草菅人命的作為，引起台灣社會廣大群眾的不滿與怨氣。

在唯恐星星之火足以燎原的情況下，於是父親再度發揮其見義勇為的膽識，於一九四九年夏天上封千言書直搗黃龍，寄給了素昧平生的中華民國流亡政府台灣省主席吳國楨，結果很意外地，吳主席親自回信並邀請會面，事後更不只一次欲聘請父親能入幕為顧問，但父親以其學歷不高且不願入黨為由而婉拒。

事實上，後來證明在當時國民黨執政的公家機關擔任主管，或在公立學校擔任校長、教務或訓導長者，其假造、謊報學歷甚至不識字者一大堆，只能說父親是典型台灣的「古意人」（老實人），不敢為非作歹。父親曾說國民黨的高官裡，就以湖北籍的吳國楨最有民主概念，也是唯一敢公開批判國民黨當局者，諸如一黨專制、軍隊政戰部門、國安特務問題、人權問題、言論自由及思想控制等六大問題，還被外國媒體爭相報導，但仍難逃國民黨內的鬥爭，最後客死美國。

這本書名原欲定為「三代女人一世情」，文章中自然會多著墨於阿嬤、母親與我三個女人的親情世界，但我既是父母親的作品，就不能完全不談到父親的角色。父親並非理想的丈夫，但他卻是我心中的好父親，也是阿嬤眼中溫順的女婿；他更不是大男人，其實他這一生有個重要的願望，那就是他個人不幸地在沒得選擇的環境下一出生為人養子，因此他以過來人的心情誓言縱然生活再窮再困難，他也不會將子女送人或不讓子女求學。也因為他自己不曾擁有太多的親情，所以不但沒有重男輕女之觀念，更是對子女採民主、自由、開放的態度；他對子女的愛多蘊藏在言教與身教中綻放，真正對於子女行為及品德上的管教，仍以母親為主導。這是我在此生回憶中真正受感動，也要深深感恩的地方。

父母親的祕密

台灣百年近代史中，受大清帝國、日本及中國國民黨的殖民影響，在男尊女卑根深柢固的霸權與淫威下，女性生存空間只有兩條路：一條是百依百順；另一條則是逆來順受。看似有選擇，其實本質都是一樣的殘暴與不人道。而我幸運因有不一樣的父親，得以提早享受到民主與自由的可貴，等到後來有機會出國接受到西方更文明的兩性平等觀念後，更增加了自己身為女性的自信。

在父親從商的過程中，我第一次擁有父母親不可告人的祕密，是從我讀幼稚園大班時開始。有一天，母親悄悄地牽著我的小手，神祕兮兮地來到一棟離我家好幾條街道的一間教堂，母親信佛、道教，從不入教堂，卻一直不安地徘徊在教堂旁的大宅前觀望，其比成人高的紅磚圍牆上還插滿尖銳防賊用的鐵欄杆，只要有人靠近，屋裡的狼狗就開始狂吠，嚇得我躲在媽媽身後不知所措。

過了一陣子，母親終於定下神來，很冷靜地按了門鈴，等了好半天才有人從一大片烏漆的鐵門裡傳出回應。這時，母親才將身子靠近門邊輕聲地問：「呃……黃先生在嗎？」裡面的門房很自然、不假思索地順口就回了一聲：「哦！黃先生他今天好像還沒有來噢！」於是母親跟對方道了聲謝，轉身回頭就帶著我快步急促離去，回家途中，一再提醒我今天所見不得向任何人提及，包括阿嬤，尤其是父親。我除了點頭還是點頭，這可是生平第一次學習保密的經驗。

記得以前我幼稚園下課，父親總會在飯後抽根香菸，然後愉悅地抱著我坐在他的膝上，不是哼著日本童謠，就是唱著台灣民謠，興致來潮也會跟著母親唱

〈月兒彎彎照九州〉及〈秋水伊人〉等中國流行歌曲，有時還會得意地摸著我的頭，自言自語讚賞道：「嘿！前凸金，後凸銀，凸頭查某做夫人。」要不然就是他一面仰頭吹菸圈，我則一面用食指去穿透，邊看著父親吹菸圈的功力能吹幾個。雖是無聊的動作，卻也是難以磨滅的親子回憶。

後來父親回家的次數愈來愈少，偶爾回來待沒多久就又出門了。若撒嬌或撒野地耍賴硬逼問他何時回來，父親總是沒給答案，要不然就是摸摸我的小臉，順勢塞給我幾個零用錢，轉身就沉默地離去。而母親不時與阿嬤兩人嘀嘀咕咕像在謀定或共商大計，獨處時更深鎖眉頭，彷如沉陷在烏雲密布的低氣壓中無法自拔。終於有一天，母親正式與父親攤牌，並嚴重衝突地大吵起來，這是我生平第一次聽到「飼查某」（養女人）這個詞，也就是說，父親已被母親搜證逮到，發現他不僅劈腿有了外遇，且膽大妄為地正式在外金屋藏嬌，對象竟然還是台北知名酒家的紅牌酒女。

母親的委屈、懊惱與憤怒可想而知，她在台灣無親無戚，而中國原鄉也早已淪陷變成有家歸不得的匪區，如今好不容易與父親在台灣生根，且共同打拚的事業才稍有成就，沒想到父親竟不安分地搞起外遇，簡直欺人太甚。當時母親的處境更為難的是，上有老母、下有一堆需要關照與負責任的兒女，離婚之路顯得遙不可及；除了問神卜卦外，忍耐與期待浪子回頭的作風，成了那個時代女性的宿命與哀愁。母親的出身再好，學歷再高，也奈何不了這種殘酷事實的折騰，於是乾脆在好友們的規勸下開始學會打麻將，並試圖藉此消遣時間及麻醉自己在婚姻上的創傷與痛苦。

咱家從此開始陷入因父母親婚姻風暴所帶來的陰霾中長達數年，這期間只要父親回來過夜，不論住幾天，其所有換洗的衣物，母親都不讓家中的傭人洗，反而裝進特定的包袱，然後叫我拿去給與父親同居的外遇對象清洗。每次我去那位阿姨家時，她都會拿糖果或餅乾給我吃，可能是吃人嘴軟，每次發現母親偶發性地想去找她麻煩時，我都會私下主動地趕得上氣接不了下氣去通報；當時在一個六、七歲小孩的理解與認知上，她是位可憐受害的弱者，而母親是強勢的加害者。

多年後，母親發現父親是屬於色不迷人人自迷的天生風流胚子後，除了以眼不見為淨來忽略其存在價值外；加上兒女年歲漸大，也多能用同理心的態度，站在母親的立場與她同仇敵愾；而母親大概基於與其殲滅不如圍堵的前提下，決定改變對父親冷戰的策略，不願再陷入既無法趕盡殺絕、反而累死自己的泥沼中，倒不如先求鞏固地位，再化暗為明將敵人分批收編為友或個個突破搞分化，讓這些女人們不是知難而退，就是索然無味。

歲月往往是歷史的照妖鏡，何時出來嚇你一跳都不意外。果然父親還在當第二屆縣議員時，有一天，一位穿著普通、長相一般、大約四、五十歲的素顏婦女到家裡來，自稱她是父親的仰慕者，專程由台北南下，現在她因個人面對了一些困難的法律問題，想要來向父親請教。父母親當下就以一般民眾的申訴案來處理，沒有特別注意，結果還是阿嬷眼尖，私下把父親從前廳的辦公室叫到後堂的飯廳，不懷好意地挖苦父親，並笑斥說：「你睡了人家好幾年居然認不出，她就是你以前養的那紅牌酒家女林××？」父親一臉錯愕、驚訝到不行，而母親展現風度，以客相待，裝作若無其事，但其內心實在是幸災樂禍超級得意。為此，父親的餘生中又多了一樁笑話來供母親消遣。

事後三老們各自選他們最想跟我分享的內容來描述，而其中有一項是我至今仍津津樂道——原來這位林阿姨在談完公事後，也與父親、母親和阿嬤像老友般話家常，娓娓道來她與父親分手後的一些不幸際遇，而當她再度提及她與父親的那筆風流債時，對母親再三表示歉意，雖說往事不堪回首，但她卻跟阿嬤、父母親三老不斷強調，她最想念且最難忘懷的人物，居然是我這位經常為她伸出援手的小義勇軍。

母親沒好氣地取笑她說，因為是她用糖果行賄，所以我才會當起通風報信的抓耙仔。結果出人意表地，這位阿姨竟說母親錯怪我了，母親不禁好奇問她此話怎說？她很正經地告訴母親：「別看當時阿綏赤婆（我小時的綽號）才只有七、八歲，但她非常有原則，那時候我也想，只要多給她糖果吃，就可以多挖點『黃桑』的訊息，結果她居然用一副有條件就甭談的堅定眼神來瞪我，還勸我幹嘛不趕快回台北自己的家……等來教訓我這個大人耶。」

後來母親還以她長期誤會我是出賣者，且經常不甘心忖問為何會「養老鼠咬布袋」的事跟我說「歹勢啦！」父親更直誇我小小年紀就能守密，將來長大會是個有信用的人。雖然我個人錯過了與林阿姨重相見的機會，除了帶有幾分好奇的唏噓外，相見還是不如不見，一代名姬只怕不堪紅顏老矣！

三姊弟離家尋生母

另一件與父親外遇有關的故事，則是發生在我小學三年級時。

母親對子女的管教在品德上一向很嚴格，而且在體罰時有個不成文規定，就是被體罰者不可以逃跑，否則被抓回來罪加一等，打得更狠，且使用的工具也不一樣（從手掌、雞毛撢子、竹絲綑，掃帚柄到藤條……）

印象最深刻的就是有關小弟的個案。他因為是老么，既調皮又搞怪，但十分有趣，而每次與同學打架或出事，在得知逃不過挨打的命運時，每當母親要打他之前，雖不敢逃跑，卻乘機在母親拿取兵器的空隙，趕快跑出大門口向左鄰右舍大喊：「××嬸仔、××阿婆，您們趕快來救我呀！我快被我媽打死了……」然後再佯裝無事，乖乖地回來待打。所以，每次當母親要狠狠地修理他時，總有一群婆婆媽媽的護衛隊自動出面為其說情，母親跟這群鄰居們都覺得既好笑又可愛，在心知肚明之下，也樂意配合么弟演出。有時想起這些大部分已作古的村姑們，對人性的天真與樸實，總會有一種特別懷古的情愫油然而生。

母親最流行一句「九件牛皮一次趕」舊帳加新帳，利息翻了好幾倍；尤其當母親十分情緒化或欲找代罪羔羊時，常會拿我們聽得霧煞煞、不合邏輯的論調來批判我們行為的理論基礎，內容不但先進到包括了遺傳（現指基因），也牽涉到風水的影響力，像她動不動就說娘家的基因與遺傳有多良好，卻因我父系的質差，導致生出像我們這群有空沒空就讓她「氣身累命」的壞小孩。

她一面責打小孩，一面就開始討人情，並如數家珍般地數落著，像我是父親跟前述那位台北酒女林阿姨生的，而大弟則是跟台中那位女中（旅館服務生）阿姨生的，大妹又是父親跟蘇澳那位報關行會計阿姨生的，好像除了大哥其有來自廈門鼓浪嶼的出生證明外，我和其他幾位弟妹都是父親跟外面的野女人亂搞生出來的小雜種，而還都是被生母丟棄在垃圾桶或水溝邊，被母親她在可憐、同情下才撿回來認養的；重點是她不但養了我們，還給我們受教權，從小把我們拉拔到大是多麼地辛苦，而我們不但不知感恩，還惹她生氣，簡直是狗咬呂洞賓、不識好人心等等。

終於有一天，我再也忍受不了，情緒反彈大爆炸——母親前腳一走，我後腳馬上嚴肅地找來大弟和大妹，告訴他們我想離家出走去找我的生母，從此可以揮別現在這個有如巫婆般的養母，並希望他們能替我保密。沒想到大弟、大妹聽完竟紛紛放聲大哭，要我千萬不能丟下他們不管，要出走也一定要帶著他們一起才行。在他們的苦苦哀求下，我當機立斷，立刻偷溜到阿嬤的房間，拿了三條包袱方巾，替他們兩人裝帶一些衣褲，我自己也準備了一包；再到父親辦公室取了三張空白紙及色墨，上面分別蓋上三人的手印，寫下當時新營住家的地址，每人各發一張，摺好放在口袋中，並鄭重發誓保密，一直要到十年後，彼此都已長大了，再拿這張誓約到新營火車站門口相認；誓約內容包含像我們雖非親生骨肉，但願永久親密視如手足的決心等等。

當一切計劃就緒，三人拭去淚水，勇敢地就要悄悄踏出黃家大門各奔前程時，只見在一旁偷窺把戲已久的阿嬤，看到我們認真的模樣，居然呵呵地大笑了起來，然後叫傭人趕到母親打牌的地方，告訴她牌別打了，快回家吧！否則遲了，她「親生」的兒女就要去找別的「生母」了。

不知道大弟、大妹是否還記得這件糗事，但對我而言，則是永生難忘。當時母親趕回來興師問罪後，證明此次離家的策動主謀者是我，而弟妹乃受我蠱惑，雖白目（不識時務）但無辜，所以應以無罪推定論；而我的罪名居然是個人造反已無可赦，竟敢再慫恿弟妹成為共犯，罪加一等，當然難免會被修理一頓。但母親也因此領教到，成年人對孩子的教育言論不可不負責任或肆無忌憚，從此不再用不實指控來嚇唬我們。

父親晚年常用這個故事來取笑母親說：「幸虧當時只有三個不認妳，不然像現在有八個兒女聯合組成尋母團，一定會上報，還有電視台的SNG到現場來作特別報導。」

在此要附加另一樁與捉姦有關的無稽之談，那就是母親後來真正終止捉父親通姦的行為，表面上是看開了，只好睜一眼閉一眼，但骨子裡是母親「撞到鬼」的後遺症，讓她在得不償失的夢魘中退堂了。

得知這個故事的前提是，小時的我老是在阿嬤睡前吵著要她講故事，她老人家的故事內容具有多少真實性，對年幼的我意義不大，而是精彩性才有價值感；而其中又以鬼故事最令人嚮往。聽鬼故事的心得，往往是人性好奇心的另類探索，且不難發現人類對未知的冒險與期待，以及對心理恐懼存在的預設立場相互產生的矛盾與衝擊，反而形成了特別刺激的興奮狀態，這是為什麼對鬼魂世界的神祕探討一直不寂寞的因素。

當年阿嬤跟我講這段母親因捉姦而撞到鬼的故事時，我年紀雖小，卻也略能領會這個經驗對母親而言應不是件好事，而且自詡有保密的必要，因此一直擱置在心中不曾求證。直到兄弟姊妹均個別成家立業後，多多少少總會遇到些婚姻上的蜚短流長，諸如外遇或鬧離婚等問題，母親除了尊重晚輩自己處理，卻也不忘提醒捉姦並非處理此問題的唯一選擇或強項。

母親後來自己告訴我「撞鬼」這件事的始末由來，她好氣又好笑地跟我說：「人不能不信邪，尤其運氣差的時候更勿輕舉妄動。」我記得她在講鬼故事前還特別舉了《封神榜》中的半仙姜子牙，在其走背還沒出運前，賣麵粉居然遇到颱颱風，不但一掃而空、分文不得，在賠本之下只好改賣麵線，但卻又碰到下大雨，麵線全糊掉而虧得更大等抓雞不著蝕把米的倒楣糗事。

母親說，當她已勘察並確定父親金屋藏嬌的人、事、物證後，終於下定決心，選擇了一個月黑風高的夜晚，欲來個捉姦在床。由於那是棟庭院深深的老宅，洋風中帶有古意，進大門後，要先經過兩排大王椰子樹林立的小徑才轉入中庭，而中庭裡有園藝花圃，近圍牆邊則有座古井，井旁種有白玉蘭花樹及含笑、桂花等大盆栽。

母親順利悄悄地繞過小徑，馬上就可進入中庭時，忽然離她不遠的古井旁玉蘭花樹下，背對著她，站了一個披長髮、身穿一身素白的女子，雖感訝異，但母親終究還是見過風浪的人，且既已入虎穴豈可空手返？於是，她壯起膽再向前跨一步，並出聲恫嚇道：「妳到底是誰？」結果就在母親話才出口的同時，那名白衣女子莫名其妙地就在她面前消逝不見了。雖事隔多年，但她老人家再三強調這次不好的經驗，絕不是她的幻覺，而是她真的撞上了女鬼。

我問她為什麼能確定那位女鬼是真的，而非幻覺？母親告訴我，她當時不但被嚇出一身冷汗，好不容易才回到家後就生了場大病；當她病癒後，即鼓起勇氣去搜尋查訪這棟老厝是否曾發生過命案或冤魂之類的事，終於附近有位熱心的年長者坦承，此大宅院乃以前富豪人家的遺物，的確曾發生過女婢及小妾被凌虐，投井及在玉蘭花樹吊死、自盡的幾則真人真事。這位娓娓道來的長者還特別跟母親證明，當時他年紀小不懂事，還跟著大人們起鬨跑到井邊去湊過熱鬧，所以他是活生生的目擊者。傳言中，每到玉蘭花盛開的季節裡，深夜進出大宅中的人們，隱約都會有撞上白衣女鬼出來摘花聞香的機會。

我曾上一個電視收視率相當高的談話性節目當來賓，內容談論著外遇與捉姦的議題，風趣的主持人于美人突然問我，是否會陪家人或朋友去捉姦？我幽默以對回道：「恕不奉陪，因怕撞見鬼。」事後有看過這段電視的一位賤嘴朋友，居然還幽了我一默，說：「搞不好以妳的長相，鬼還以為她才見到鬼咧！」

落葉歸根與用心扎根

終於可以言歸正傳，來談一下阿嬤與母親的心情與心結的祕密故事了。

在我個人成長的過程中，與阿嬤的感情發展和親密關係遠甚於母親許多，總覺得母親對阿嬤不夠好，但又說不出所以然來，尤其阿嬤臨終前幾個月，雖因中風癱瘓且無法言語，但當我從國外趕回去探望及照顧她近一個月的那段時間，晚上就睡在她身旁，閉上眼睛，時光倒流，彷彿又回到兒時冬天怕冷，總貼近她多脂的肚皮取暖。

個性剛烈的阿嬤在我眼中一向有如女巨人般地強壯，可是如今我擁抱的她，卻只剩下乾枯的身軀和消瘦的臉頰。我依然與她十指緊扣，並在耳邊腮奶（撒嬌）地告訴她說：「阿嬤！您知道我有多愛您嗎？記得今生今世我們是嬤孫，但下世人（下輩子）我們要當母女對不？」其實這是阿嬤尚健在而未中風前，就私下與我訂的誓約。

眼神呆滯又不能說話的她，在我日夜反覆不斷地跟她枕邊細語的過程中，終於，承諾回台陪伴照顧阿嬤一個月的時間很快就到了，我不得不返回馬尼拉（因為小女兒 Emily 還在襁褓中）。而離開的前一天，我坐在床邊，一面按摩著她的手，一面跟她報告我不得不離開的苦衷，並囑咐她要加油保重……，說完，當我欲俯下身捧著她的臉再親她一下時，竟意外發現阿嬤眼角有直流的淚痕，原來她知道而且有感受。

這一離開果然就是永別了，直到前年與大兒子偶然聊起這件事，他對三十年前每次回台探視、在新營老宅度假時，裹小腳的阿祖（外曾祖母）每天都牽著他的小手，搖搖晃晃走到商店去買巧克力糖吃的印象，深刻到他說永遠也無法抹滅那種特殊情感下蘊育而出的巧克力風味，而他獨享的這份跨四代的情誼是唯一可以跟其兩位妹妹炫耀的，因為她們都太小，不是沒有記憶，就是失去機會。

幾個月後，阿嬤就去世了（一九七八年）。阿嬤去世那一年，剛好是我小女兒 Emily 出生的同一年，她曾說，沒見過阿祖也是她成長過程中的憾事。大弟隔著越洋電話告訴我，阿嬤她老人家眼睛不闔，依迷信的說法似乎是老人家還有牽掛，於是我告訴他，不妨試著在阿嬤的耳邊告訴她，我已拿到簽證、也訂了機票，馬上就會啟程趕來奔喪，果然阿嬤終於闔上眼、蓋了棺。

台灣婚喪喜慶的習俗受中國閩南一帶漢文化的影響，以及重男輕女的觀念，其中像死者出山（出殯）時，牌位必須由兒子來捧斗（傳承），而令我感動的是，母親她是獨生女，又無兄弟，依照台灣習俗，捧斗者最多勉強可由女婿（但需入贅者）或義子來替代，要不然就是花錢由葬儀社請人來扮演「孝男」的角色，但母親卻堅持打破傳統，她認為其母親生了她，而她奉養母親一輩子，憑什麼只因性別和陋習就不能由她來捧斗，在她當仁不讓、完全不在乎任何批評之下，親自「捧斗」替阿嬤送終，當時在地方上也算是異數的美談一樁。

由於阿嬤是李氏長媳，只單傳母親又無兒子，所以阿嬤生前就一再交代我，如果海峽兩岸、台灣與中國之間開放後，要設法去找到他們李氏的親戚及祠堂，並在她死後將骨灰帶去安葬，免得給我父母找麻煩，或讓她變成無人祭拜的孤魂野鬼。我答應她只要能力範圍內，我一定會設法完成其最後的心願。

阿嬤落葉歸根，母親落地生根，而我呢？當然在生根與歸根之外，最重要的就是扎根，除了與台灣這塊生我、育我、滋養我的土地共存亡外，哪兒也不去了，這裡就是我用心種下的根，何必要去當飄蕩的浮萍？何況若活得夠老，且能葬在自己親手栽植的樹蔭下，豈非是場簡易安詳又環保的葬禮？因此心血來潮，寫了下面這首詩——

悼己

某一天
種了一棵不知名的樹
在某個不起眼的地方
某一天
選了一個不特別的甕
寫上不重要的名字
某一天
完成了不意外的事件
辦一場不刻意的葬禮

某時刻
用不特別的甕
裝不重要的灰
埋在不知名的樹下

一九八六年，我應邀自菲律賓首次踏上剛欲脫離一窮二白、並結束長期鎖國政策的中華人民共和國（在聯合國簡稱中國）的土地上，由於幾十年來，在台灣長期深受統治下的黨國教育的影響，一直把中國當「匪區」，而中國人都是「共匪」，中國共產黨則是「匪幫」，所以一下飛機，在廈門機場初見到人民解放軍，心中還有些忐忑不安的陰影，理應至少也要像台灣的國軍雄糾糾氣昂昂的樣子；可是沒想到出現眼前的，竟是捲起袖子、蹲躲在牆角下遮陽，茫然地叼口菸抽時的模樣，簡直不敢相信，而「萬惡」的共匪形象從此被「散渙」取代（當然閱兵或作戰可能例外）。

才剛蛻變要走向「社會」結合「資本」主義的中國，其實對台灣早就已默默展開「文攻」加「武嚇」的統戰策略；當時雖是隨菲國官方拜會，但中共方面私下則派出高階官員對本人進行統戰工作。記得在上海的一場晚宴中，中共某高幹敬酒時，打趣地說：「咱們中國共產黨像太陽走到哪兒哪兒亮。」我隨性地笑道：「可惜貴黨政策像月亮，初一、十五不一樣。」我以為這麼一回不是當場被捕，也可能就被拖出去槍斃，還天真地叮嚀：「如果能留我個全屍送回台灣最好，否則丟在杭州西湖也不錯。」但居然無事，想來是當時中國國務院下令對「台胞」另眼相待之故吧。

中共的行事效率不在於是否尊重民意或採民主體制，而是國務院一張紙令，全國上下馬上奉為聖旨的集權管理。由於身分特殊，因此受到特別接待，當我無意間談及夫婿是旅菲第三代的華僑，而此行乃受外祖母（阿嬤）之託，欲回其故鄉尋探親人與故居可安在？（當時台灣的國民黨政府尚未開放中國自由行）結果不到幾天光景，中國官方不但把阿嬤還存留在福建泉州的親戚名單一一開了出來，以便我帶回台灣好讓母親認證，更把他們母女倆當年在鼓浪嶼及廈門思明路上，持所有權的好幾間房地產地址也一併給查了出來。後來母親發現過去的舊大宅已被親友們分別占據使用，也就懶得去爭取，但據說那些產權都是在廈門最值錢的地段。

母親在我替她找到中國娘家分散在各地的親戚後，馬上分頭進行回去省親，以及如何替阿嬤撿骨移靈與安厝的計畫。果然如願地，幾年後，台灣、中國正式開放了，在黃家兒女們的通力合作下，其中大哥、大弟、二弟、三弟及四弟均分批來回處理了好幾趟，不但提前在阿嬤的原鄉重建了李氏「福泉惠」的宗祠，在父母率領之下，黃家五位男性孫兒們，將阿嬤的骨灰安葬於斯，並擇日入祠，完成了阿嬤生前的最後心願，也算是黃家子孫對她一生付出的尊重與回饋。

台灣、中國兩國相互開放後，當年跟隨中國國民黨蔣介石，軍旅或慌逃退居到台灣的中國人們，幾乎個個都興奮不已；當然也有幾家歡樂幾家愁的人倫悲劇，陸續搬上銀幕演出，不論是將大把的金錢與物資，如鮭魚返鄉般地拿去中國資助原鄉，還是急著帶下一代回去認祖歸宗。總之，在全面且一致性對中國情愫發酵的快速成長中，不但提供了大量金錢支援，加上台灣大小企業西進投資的熱潮以及華人的向心力，讓中國的經濟力蠕動了起來，如今開放後的中國不再是病貓，而一躍變成了甦醒的雄獅，更因廉價勞工市場的興起，成了世界金融吸金的大黑洞；台灣則是中國經濟起飛背後，最大的人力與財力推波助瀾的貢獻者。

但一想到中國至今仍有近兩千顆飛彈正對準台灣，則不免令人寒慄。民族主義的復辟是民主的倒車？還是侵略者居心叵測編織的遮羞布？

母親也不例外，雖然早已認同台灣，但還是想回其原鄉的故居，去尋兒時熟悉且未圓的夢，當然最重要的是，可同時成全其母親（我阿嬤）落葉歸根的心願。然而，面對中國親戚一次比一次的現實與勢利，讓母親深感船過水無痕的自作多情，也因此喚起她的自覺。因此，在阿嬤移靈回鄉又蓋祠堂及建厝後，突然體會到中國社會在歷經文革的鬥爭，以及過去「人民公社」吃共產大鍋飯的日子，如今一夕之間，封鎖的社會主義風潮中，滲透了資本主義開放的基因突變後，對曾被破壞的人生及被一黨獨大扭曲的人格，不知是中國進步得令母親趕不上，還是退步得令她已難再找到故鄉的原貌。

隨著開放後出現的後遺症，最明顯的就是人們對價值觀的改變，普遍性視錢如命的有產階級，已悄悄地取代了毛澤東時代的無產階級。母親打落牙齒和血吞，一則藉口她年紀大，厭倦了旅途的勞累；二則發現縱使花再多的錢，也無法真正拉近或突破超過半世紀、人心的隔閡與思想上的差異。而理解了人性的弱點後，母親去世前，就很少主動再提起那些曾是她日思夜念的娘家親戚了，更交代不必發布她的訃文給任何一位中國的親戚。

至於母親個人的後事，也許是種忌諱，並無公開多談，只是私下曾跟我提過她心中長駐的一點小障礙。她說，早年父親當民代時，出家人多是鰥寡孤獨及窮途末路者，常迫於環境的無奈，不像今日在台灣，出家修行儼然成為個人生涯規畫，並普遍被認同的一種生活態度。因此，母親常得替窮人家或無力買棺辦喪事的苦主，出面去跟廟寺住持拜託或情商火化的事宜，而在那個普遍迷信，前人墓地風水好，足以庇蔭後代子孫的年代裡，很多人寧可被葬在亂葬崗，至少沾上風吹雨淋也就算有風水了，多數不願採火化，怕影響後代子孫的福分。

父親擔任縣議員期間，寺廟住持對雙親均相當禮遇。據母親的回憶，她平均每年都要出資捐助棺木好幾副，也因為每次都被託付陪同家屬參與全程當見證，所以母親對於人死後「火化」的儀式，似乎在心理上有受到深層陰影的創傷，認為人活著已夠辛苦了，死後還要再被凌虐火燒實在太悲慘了，所以她希望土葬，至於葬在哪裡則無所謂。

母親說，她不回中國去了；她曾自嘲說，多少人花大錢辦美國、加拿大或澳國的移民，但她沒花半毛錢就當了台灣人，而且一住就超過一甲子，全世界再也找不到比這塊土地讓她感到更熟悉、更溫暖的地方了。後來由於父親表達將來他去世後，有意願與母親同穴安葬作伴，所以終於說服了母親火化，並於生前在大弟、大妹、小妹以及我的陪同下，讓她先參觀墓園，並獲得允諾，去世後將其骨灰安厝靈骨塔內。

一九八九年（民國七十八年），四弟出馬參選省議員雖落選，但選戰文宣令人折服。有一天，母親和我一起出去拉票，走累了停在鄉間的路邊麵攤閒聊，她突然心血來潮，主動地跟我聊起「心內話」，她坦承自己的確重男輕女，但我對她而言，在某個層面的依賴，卻比丈夫和兒子們更可以給她信任與託付。她也知道我跟阿嬤之間的情感密度遠勝過她，有時她也會有些吃味，而這種奇怪又帶點嫉妒的情緒，大部分時候她都會安慰自己，並把它消化掉，提醒自己：反正我有這麼一大群的兒女，少一個又何妨。何況奶媽帶小孩終究是別人的，再怎麼說，阿嬷終究是阿嬷，好歹又是她自己的母親，實不必太在意。

母親肯說出這個來自心裡底層的感受，著實令我十分訝異，從小對她重男輕女、把寵愛和偏心集大全於大哥身上的怨氣終於有了紓解，像從灌注成模如鐵鑄般的壓抑中，把它給快速地翻轉，並即刻融化。我也坦白跟母親埋怨起，從小我就挨哥哥打，但她從不主持公道，還反過來罵我：「女孩子頂嘴被打活該。」大哥請音樂老師到家裡來教拉小提琴，補英文、數理、美術，還有專教他防身的功夫師傅等等，而我只不過想學鋼琴，吵了好幾年，她才從朋友搬家清倉時，拖回一台既老舊且本身就是五音不全的破風琴給我，我賭氣抗議不食嗟來食，拒學也拒彈的情況下，幾乎害自己差點成了音痴。

那時更因大哥喜愛古典音樂，我則抵制，並轉聽流行歌曲及歌仔戲。從我懂事以來種種的不公平待遇，如果不是父親懶得理會，而阿嬷全力挺我的話，我想我對母親的誤解一定會更深；加上在成長過程中，我目睹到阿嬷與母親，其母女彼此之間忽冷忽熱的人倫關係，我對母親就更不諒解，總覺得她既然管教我不得跟兄長頂嘴，但自己卻毫不掩飾地與自己的母親針鋒相對。

後來父母親搬到安養院，也許是日落西山的年邁無奈與脆弱，令母親可以真正放下心防，也有可能她覺得我倆母女一場，而我不單因為是長女的關係，見證了起起落落的興衰家史，更參與了沉沉浮浮的是是非非，到底在他們三老心目中，我一直還是最貼心、慷慨和盡孝道的家庭成員之一。更跳躍地思忖，也許她是希望我真心了解而非誤解，所以決定告訴我，以下這個她原本以為會寂寞地帶到棺材，一起埋葬的祕密。

那段沉香之戀

少女懷春，初戀對女性而言，即使只是曇花一現，但仍會像顆珍珠般地用錦緞包好，深鎖在內心深處，或在一個只屬於自己的祕密花園裡，偶爾拿出來回顧、細嚼、陶醉或想像一番。儘管年代已久，記憶也失修，但仍無損那份塵封下的純潔；也因為天真才純潔，而純度愈高的愛情，才更能令人感動與回味。

母親的初戀如果像首詩歌，可惜正譜好曲子，還來不及上弦，情絲就被截斷了。由於阿嬤的極力反對，礙於母命難違的壓力，她最後選擇了無奈的分手，造成終生的遺憾與永遠無法彌補的歉意。如果是男女雙方因另有心儀或外遇的對象，導致不願再受欺騙而分手也就算了，偏偏強勢介入的第三者不是他人，而是自己相依為命的母親時，亂了分寸和糾葛在愛情與親情拔河困惑中的她，必須作出影響她未來、甚至一生的抉擇。

如果忠於自己的感覺，繼續墜入愛河，可能未來的命運會如自己母親的預言，是場不得超生的災難。但若為了盡孝道而選擇無法割捨的親情，對自己和戀愛的對象又何嘗公平？對熱戀中的情侶而言，失戀的痛苦除令人心枯且氣如游絲、彷彿已到了生命的盡頭外，在爭取戀愛自由的過程，幾經抗議、掙扎、衝突與矛盾相連扣的行動失敗後，母親最後終究還是在「送君千里，終須一別」的不捨下，作出了她心不甘情不願，卻與其長痛不如短痛的分手決定。從此，母親與阿嬤母女之間也永遠存在著一道無法跨越的鴻溝與嫌隙的屏障。即使阿嬤將其餘生貢獻給黃家，並盡心盡力地共同扶育了八個孫兒女們作為贖罪，但母親祕密心房的某個角落的小門窗，仍是緊閉且任其蒙塵。

當我無意間闖進了母親早已荒蕪的祕密花園，注視著那株本應璀璨含苞待放的百合花，卻因早熟而凋零地被遺忘在不見陽光的角落。面對母親徐徐幽幽地吞吐著這段沉香的情愫時，我除了啞口無言外，依然只能沉默以對。一位為女兒願意用生命來承擔其幸福風險的愛情加害者，居然是我一生中最摯愛的阿嬤；而另一位為了成全親情、選擇放棄愛情的無辜受害者，竟然同時是我的母親。

一直誤以為談戀愛是屬於年輕人的專利，上了年紀的人似乎就應把熱情澆熄或保持冷靜的緘默，否則暴露在陽光下，更凸顯出逾期的尷尬與不堪回首的齷齪。這是對長者們何等的誤解與歧視，人活在世上，為了生存必須和生活的條件與環境妥協，但真正支撐每個人繼續活下去的卻是愛的力量。愛的滿足與需求不分年齡大小，只要有心動的對象，就會對愛情有一份期盼。

愛情和麵包都重要，若能取得平衡更好。物慾是無止境的誘惑與權力擴張或填補的表相，愛情則是觸動內心深處的吶喊，令生命力舞蹈在多采多姿的旋律中發光發亮，既使結局俗不可耐或不盡如人意，但好歹在自己歲月長河的流沙中，曾甜蜜暈眩或幸福醃漬過，更可供給斷層的回憶，帶來無限的遐想空間與意象的告白。

母親是我兒女們的阿嬤，她留下的紀念品縱使再高貴也有市場行情，但她跟我分享的愛情故事卻足以留傳給子孫，做不切割的情史，攀藤在生命共同體的歷史脈絡中，令古老城堡的閣樓裡珍藏著無價的浪漫繪本，有興趣就可登上瀏覽並憑弔一番。

也許因為這個難以磨滅的切身之痛，讓母親不想犯下己所不欲、勿施於人的錯誤，所以她從來不過問兒女們的戀愛與結婚的對象，再不滿意的媳婦或女婿，她最多也只會覺得自己運氣差、無福消受，因為在她的觀念裡，媳婦女婿均是外來接枝的品種，要多給適應的時間和包容的空間，才能與老幹融合成一體。何況天下的姻親都是愛屋及烏的延伸，兒子、女兒不孝，又何必牽扯或怪罪在別人家的兒女身上？母親可與離婚後的媳婦情深更甚於兒子，就是建立在這樣的理論上。

我擁有母親這段感傷的祕密是在阿嬤還健在的時候，但我就是提不起勇氣再去跟阿嬤求證。即使阿嬤真的做出對不起母親的決定也已於事無補，何況，換另外一個角度來看母親委曲求全後的處境，也算是建立在進可攻退可守且游刃有餘的空間裡；阿嬤替她做決定、選擇了父親，雖稱不上是慧眼識英雄，至少也圓了兒女成群、老伴攜手壽終正寢的世俗夢。

而她們母女最嚴重的一次衝突的背後，那段為人所不知的故事，卻成了我從小隱瞞母親的祕密。至今我才恍然大悟，原來母親心中不願觸摸的痛，在透過父親婚後的風流韻事，讓它有如傷口上再被凌遲的痛恨感，而這種傷痛原本就不是她應承受的，於是當丈夫感情不忠而出軌時，她很自然地就會把這筆帳轉為無形的恨意，並直接投射到其母親（我阿嬤）的身上，因為她的母親才是剝奪她追求屬於自己幸福的元兇，同時也是讓她不得不去面對、接受及容忍丈夫感情背叛的不堪時的幫兇。

對於我這個當時年紀才十一、二歲的單純小女孩，終年累月在成年人、尤其是親人複雜的情緒中，也許不夠聰明到能領會出他們彼此互不相同的立場與爭執內容的各持己見，但至少學會了如何由觀察中，慢慢試著去了解自己在這個家庭中的地位與存在價值；但也因為長存的這道被逼迫心智早熟的門檻，讓自己獨背了十字架，走了很長的一段歲月。

關於這段母親所不知情的另一個祕密故事，則是發生在某個仲夏夜，我因為怕熱又長了痱子，幾乎每天都需要靠阿嬤一面搖著芭蕉扇，一面幫我抓背止癢灑明星花露水，才能漸漸入眠。可是那夜，我突然被熱浪給沖醒了，醒來時卻看不到躺在身旁替我搖扇的阿嬤，反而在摸黑中隱約看到阿嬤略肥胖的背影正偉聳地站立在床鋪的中央，我不禁害怕地大喊了一聲：「阿嬤！」馬上跳起身子，上前將她緊緊抱住。

原來阿嬤對磨難生活的忍耐，與母親經常言語間的衝突；由失望、憤怒甚至已飽和到了臨界點，因此她選擇用結束生命來抗議。雖然我個子小，但很機靈，當下用非常俐落的手腳，把阿嬤攀上樑柱的繩索用力給拉扯下來，然後綑成圓圈狀，慌張地下床找個地方將它藏起來，再跑回阿嬤身邊時，阿嬤仍是無言地流著淚，像尊憂傷呆坐的女彌勒佛，除沒笑容外，恐怕心中也已無慈悲可言。

那一夜，阿嬤跟我說了一堆不是我年齡可以理解或承諾的交代，像是：「妳母親心中也很苦，妳將來要好好孝順她……」之類的話，但對我而言，最害怕的就是阿嬤會再度離我而去，所以我又驚又急地跟著哭，並跪著懇求她老人家，一定要答應我不能再尋死，否則我也不要活了……阿嬤最後終於點頭，勉強擠出一句：「好！我一定要活著看妳長大結婚生子才死。」

這件事在阿嬤的交代下，我守口如瓶了數十年，直到母親告訴我，她這段苦情戀的前因後果，且事隔多年，阿嬤已去世，而我也早為人母，才將這段已形同石沉大海、永不見天日的故事，輾轉並委婉地跟母親提及。母親聽完紅了眼眶，同時長嘆了口氣，卻沒讓淚水流下來，或許是不願在我面前示弱，但也可能歷史太久遠了，已引不起她太多的激動。

總之，母親心中一直有阿嬤，而阿嬤心中更只有母親，但即使親如母女，是否能和平且契合地相親相愛，恐怕不是單挑血緣關係就能有答案的。不過可確定的是，她們彼此曾共同走過女人一生一世的風風雨雨，如今也都已寬心放下並安息了，所有生前的種種恩怨，恐怕在我擁有她們的祕密之前，早已消弭、寬恕或原諒對方了。

情歸塵土永相伴

當母親跟我提起中國開放後，除了尋根外，她曾獨自去過上海一趟，我以為她是接受美商派駐中國上海代表的小妹招待而去的。小妹是母親四十歲高齡產婦的作品，她出生的那一年，我剛好念初三升高一，就如我前面文章曾提及的，那時正是家裡環境開始走下坡，並已出現青黃不接之際。父親較守成，反而母親果斷，仍決定將原本獨棟的花園洋房改建成三間二樓透天的公寓，其中一間留給自家住，另一間留著收租用，另一間則抵押給銀行。

於是在動工改建時，我們就暫租父親朋友阿元伯的家。工程興建的過程中，父母親幾乎都在外奔波，設法突破難關。而大哥大部分時間都在台北念大學，準備考研究所，因此整個家務事完全就落在阿嬤身上；可是阿嬤終究因纏足而行動不方便，所以她每天最大的期待，就是盼我早點下課回來。

我初三升高一時，小妹才出生不到一歲。由於母親回來餵母奶的時間不一定，所以常必須用糖水替代奶水給予充飢，只有等到我回來，阿嬤才能放心去廚

老家花園洋房改建成三間相連的公寓後，與阿嬤合照於門前（右後方者為三弟）。

房做晚餐；而我換下制服的第一件事，就是拿「背巾」一面背著小妹，一面又要關照其他的弟妹。雖然大弟十二歲、大妹已十歲，應比較懂事，但小妹愛哭，動不動就鬧彆扭，何況才八歲的二弟，六歲的三弟以及三歲的四弟（么弟），不論是吃飯、寫功課、洗澡到講故事睡覺，都因年紀尚小，幾乎都得由我這個小大人的大姊一手包辦，每天幾乎都要哄到小妹睡著了，或待母親回來接手，我才能做功課，但卻已是夜深人靜時。

這讓我突然又想起一樁插曲。在母親生下么弟的隔年，家裡曾領養了一位要被其繼父賣入煙花的女生，母親希望一面供她讀書識字，同時也可幫阿嬤的忙，但不到三年的光景，卻被其男友誘拐離家私奔了。我印象中隔了十多年，她才又帶著一對兒女回來跟阿嬤及父母既道歉又道謝。感謝的是，父母親對她的善心收容與栽培；道歉的是，她不該在黃家最需她協助的時候離開，且害我辛苦無比。

這件事對我個人有很大的啟示，影響到我後來旅居菲律賓的十五年間，雖然前後透過紅十字會等民間機構收養了十九個孤兒，但均採不具名、不見面、不留照的原則，因為如果你的行善讓對方質疑你的動機，或因你的善心而自己受傷害，我不殺伯仁，伯仁卻因我而死，總是遺憾。

況且婚後的收養工作，不止是個人的能力與意願問題，更牽涉到婚姻中另一伴侶的權利與接受的程度，尤其當家庭中還有其他的成員時，如果事前溝通不良或共識上有落差的話，對大家都是種極大的壓力與考驗。尤其收養與被收養者之間，一旦種族或文化上的背景完全不同，而有可能會涉及與歧視有關的敏感問題的處理，只要一不小心就會擴大其層面及範圍。但即使像我這種已把握了原則又有了策略，有時仍會遇到不少棘手的問題。

我曾收養過一位自小撐著枴杖、後來才有輪椅坐的菲籍身障孤兒，他十分聰明，又很有天分，因此當我從小學開始收養，一直到他獲得美國一所知名大學給他獎學金，可到紐約進入大學深造為止，從我們彼此多年來往返的書信中，我可以感受到他的熱情與對我們夫妻的感激。

可是，當他透過收養機構表達，希望他離開菲律賓上飛機前，能與我們夫婦見面拍照留念，否則他會帶著莫大的失望離去。我還是婉拒了，也許這麼做會令他失望、難過或婉惜，但我透過電話跟他解釋及祝福，最後他不但理解且答應會傳承下去。我告訴他：「我很了解拍照留念的意義，是為了能永遠記住我們——這對為你伸出援手既陌生又非陌生的家人，但如果能不拍照留影，則對你沒壓力，對我們也可無牽掛。只要你能將這份愛心再傳播出去給同樣需要幫助的人，我們的心願也就滿足了。」

弟妹們長大後，在還沒成家前，都常稱讚我真的是他們心目中的「長姊如母」。就這樣，「長姊如母」的角色一直扮演到小妹五歲那年，我決定北上求職求學才告一段落。但縱使人在台北，每逢新年採購全家上下穿的新衣服，幾乎到我結婚前不曾缺席過。可惜婚後長住國外，遠距自然就較易淡化了情感的交集及記憶的完整性，何況他們當時年紀都小，很多的陳年往事恐怕也都是屬於他們局部記憶的拷貝，到底不像我這位黃家的白頭宮女，有翻箱倒櫃細說前史的歲月、地位與價值。

小妹和母親的關係很好，所以當她在中國上海的工作安定下來後，第一件事就是希望能與母親分享她的成就，而母親更何樂不為？

但母親私下透露她到上海的另一目的，是想再去尋訪她初戀情人。對方是個上海人，而他倆是在母親代表廈門商會到上海參加一連串的活動時，彼此在偶然的機會下認識，因好感而交往，並墜入愛河。

但由於廈門和上海算是遠距，且精明的上海人瞧不起廈門人的憨厚土氣，而廈門人則討厭死上海人的奸詐狡猾，原本就有這種地域與文化上刻板印象的偏見，如果老死不相往來，也許不能添福壽，但至少也可保平安。偏偏愛神不長眼，亂射居然也能中紅心，阿嬤才得知母親談戀愛就已坐立不安了，再等到她確定對方竟是個「上海佬」時，氣得只差沒七竅生煙，當然是反對且強勢地阻止。

為什麼所有的愛情童話故事都只寫到「從此王子與公主過著幸福快樂的日子」後，再無下文，而且若出續集銷路更慘？因為平凡的人、事、物比比皆是，不值一提，反倒是苦戀值得同情，畸戀值得探討，生死戀則值回票價；因這些愛情故事都跟挑戰人性的極限有關，不是每個人都有機會、能力和勇氣做得到的，年輕人什麼都沒有就是膽子大，因此愈壓制反彈就愈大，反彈愈大，成功的範圍就愈被限制；但若不反彈，就連可能成功的機會都沒有，沒機會則與成功絕緣，似乎已成了行動力的循環模式。

母親的這位初戀對象，本身條件背景還不錯，是個教書人，他對母親一往情深，幾乎每天都會寄出一封才華洋溢的情書；在阿嬤還未發現真相前，母親還收到過幾封，但後來就音訊全無，原來是被阿嬤沒收了。

這跟我年輕時，有位美國來台做研究的副教授對我展開熱情追求，但他回美國後所有的來信，只要是信封上寫的是豆芽菜（英文），阿嬤和父親就同流合污，全部將之燒毀。直到我們二十年後，彼此有機會再重逢，並談及這件事才恍然大悟，但卻早已人事全非。由此更可確定阿嬤果然是前科累犯，而阿嬤和父親的理由竟是封建到不行的種族歧視——在那個年代的一般台灣世家，或環境過得去的家庭，在他們的認知上，所謂異邦者，乃指來自中國的外省人及美軍駐台的大兵們，當然也還包括其他有色人種的外國人。

後來我結婚的對象也是來自菲律賓的異邦，我不禁嘲笑著質問他倆：「既不准我遠渡嫁洋人，結果卻也是和番到南洋，又有什麼差別？」沒想到他們的說法卻是：「再番也是華僑，再遠也只到南洋。」

當母親的男友發現事有蹊蹺時，不顧一切地就從上海跑到廈門，依循地址找到了母親的住處，這種不屈不撓的浪漫精神當然感動了母親，但如此魯莽的行動卻更惹火了阿嬤。結果就在母親和男友為了追求兩人的幸福自由，決定一不做二不休，採取私奔計畫，等生米煮成飯後再回來跟阿嬤謝罪。豈料道高一尺魔高一丈，阿嬤在屢勸無效的情況下，最終竟狠下心採取強制激烈的手段，把母親給軟禁了，同時恩威並進的勸退這個「上海佬」，任憑母親哭得肝腸寸斷仍不為所動。

就這樣，這段苦情戀從此劃上冷酷的休止符；後來父親的出現以及戰火的加速蔓延，導致父母親結婚後偕阿嬤分別撤離中國，改定居台灣。也因為這是個非自願性劃下句點的痛與疤，母親心中除了隱藏數十年的遺憾外，當然澆不熄另有一份對初戀執著的牽掛，希望藉此上海行，可以圓了她五十年前的心願；即使當不了夫妻，至少彼此能重逢互述情衷或報個平安，也算好事一樁。

母親形容當她按上海舊址，找到初戀情人的住處時，比第一次返回中國時更加情怯。她說為了期待這一天的來臨，她到底該穿什麼衣服？梳什麼髮型？而兩人見面的第一句話要說什麼？對方看到她還認得嗎？會有什麼樣的表情出現？他是否也子孫滿堂？簡直像十八少女陷入情網般地春心蕩漾與坐立不安。

結果完全出乎母親意料之外，來開門的是位中年女性，普通話講得不怎麼樣，但母親的上海話也忘得差不多了，於是比手劃腳地說了半天，對方才明白母親的來意，於是請母親入屋內聊。

原來母親的這位初戀情人，不但打破了世俗對上海佬的勢利與薄倖的刻板印象，更為了表示他對母親愛情的堅貞與誓言，他終身未娶。而跟母親述說這故事的是男主角的姪女，由於母親的初戀情人從事教職，文革時曾被共產黨鬥爭成黑五類、住進勞改營，導致身心俱疲的情況下，六十出頭就鬱悶不樂、罹患癌症去世了……唯一令母親安慰的是，對方即使在最悲慘的文革期間，仍把母親和他合照的相片珍藏在身上，所以他的姪女才能從年輕的輪廓中認出母親的模樣。母親在其姪女的陪同下，到他的墓前去上了香，並交代一筆大額款項給他的姪女，希望她能為其修墓。

母親刻意不想讓家人知道這趟祕密之行，儘管阿嬤早走了，而父親也已老到連自己歲數都懶得計較的地步，但母親卻仍不願公開這段情史，終究祕密仍然是祕密。在完成初稿與父親聊到這段，父親居然坦承他並不知道母親的這段初戀，但卻很灑脫地說：「有也是應該的！」

當母親跟我分享完這段苦情戀的完結篇後，我安慰她說：「遺憾難免，但終究了斷一件心中的掛念，何況阿嬤也已不在人世間了，妳再怨她恨她也無意義。如果你們當年真的有情人終成眷屬，也未必就會如想像中幸福，得不到的東西永遠都多了份可以隨意幻想的優待，不是嗎？」母親不語。

守護母系家族大樹

母親獨自啃蝕著這段苦情戀給了我另一啟示，從我個人角度看到或感受到的則是：不禁要問什麼是「緣分」？「緣」不就是機會？「分」不就是定局？人生若早已有了定數，結局就由當事人去做主又何妨？否則吹皺一池春水，又干卿底事？

母親生前，我曾跟她提及將來我要把她、阿嬤和我的人際關係及情感世界寫成書，留給我的女兒們當紀念，同時也希望我的女兒們能再把母親、我和她們的關係寫成書，再留傳給她們的女兒們。母系是永遠切割斷不了的臍帶，源頭是沉痛的結，但卻也是最純的愛，再平凡的故事也是生命的傳奇，而母親竟然取笑我，萬一書賣不出去，恐怕得開豆漿店，等著拿紙包油條。

二〇〇八年大女兒結婚時，作母親的我既高興又感慨。慶幸的是，母兼父職的責任告一段落，有人來接手陪伴她走未來的人生，所以我迫不及待跟洋女婿說從今以後：「No return & no exchange」（恕不換貨及退貨）；但感慨的是，阿嬤和母親均無緣參與，和我分享這份遲來的喜悅。

我不知道為何重男輕女的母親會生出我這剛好相反、是個重女輕男的母親；不是對兒子不關照，而是回想這走過的大半生，要當個健康又有自信的女人，不依靠父親、兄弟、手足和丈夫，還真不是件容易的體驗。在自己生命的藍圖裡，回首再檢驗才發現——再輝煌燦爛的高峰，也都是為低潮設下的伏筆；再落魄的漂泊，也有它靈魂的去處。

女性的知己異於男性的地方，在於彼此即使三十年不見面，但見了面卻依舊可以接力再講三十年；唯有女人才能真正了解女人，但通常為難女人的女人更難為，有如日正當中的孤行者，找不到影子可以給自己作伴，而少了影子的追隨，人虛心也虛。多少女性的一生不缺乏父親、兄弟和丈夫角色的點綴，卻憑己力打拚出頭頂的那一片天。劃時代性別平權的改變，讓女性有機會學習替心整容，好走出飄蕩中依附的宿命，跨越了傳統下的包袱，保有了自我拼圖的能力與空間。而我幸運地跟此書中的兩位長輩一起在角色扮演的突破中，既非完全被刻板窠臼定型，但也沒輕易讓浪頭給打昏。

懷第一胎的時候，在國外僑居地菲律賓，由於自己的孤陋寡聞和缺乏經驗，加上母親無法出境（當時台灣仍戒嚴中）而婆婆又臥病在床，必須靠自己摸索和丈夫木訥的協助，以及與菲傭間因語言隔閡、不得不以比手劃腳來溝通。最可笑的一件事，是從小聽長輩們說娶媳婦要找臀部圓大豐碩的女性，比較容易傳宗接代，而這種毫無科學的講法連自己竟也都深信不疑。

因此當我懷孕時，心想我就是屬於屁股大的型，懷孕和生產應是輕而易舉才是，為了胎兒健康及生產時不用太使勁費力，所以要多走路運動，但卻苦了另一半，每天剛忙完公事，晚上吃完飯，仍需體貼陪我在社區裡的公園繞一大圈才回家。可是到了臨盆的預產期，羊水破了，緊急送到醫院才發現生產有困難，需採剖腹手術（原來臀部大是肉多，並不代表骨盤夠大）。

又是一個跟我命中有貴人的經驗談，但在此特別要先奉勸孕婦們，產檢千萬別迷信非名醫不可，名醫也許醫術好，但醫德未必佳（但願兩者都有），加上客戶太多，往往同時需接生而忙不過來，結果產生對名醫有太多依賴反而會出意外的狀況，而我就是其中的受害者。

當我被驗出需剖腹生產時，我的主治大夫卻還在另一個手術室中，如此一來一往的失誤，造成事後院方自己承認疏失，而名醫也深感抱歉；就是只差八到十分鐘，我們母子生命安危可能都受到威脅。

幸運的是，我碰到推我從一般待產房進入手術室的男護理師 Tom，居然曾在我們的工廠就職，因某事故而被公司革職，他是我們管家的親戚，託她來說情，但丈夫不給面子。我私下問管家，由她口中得知，原來 Tom 是護校正科班畢業，但在大都會裡，因沒背景和人事關係的栽培，只好先到工廠來打工等待機會，但由於工頭有偏見，不喜歡雇用來自 Tom 那個省份的人，所以百般刁難，他在忍無可忍的情況下，才會跟工頭發生衝突。

於是我透過關係，幫他安插到醫院上班；我沒見過他，但他認識我，並知道是我替他安排進醫院的，所以當我從普通待產房被移躺到推床，並準備進手術間時，只聽到 Tom 用很急促且很大的聲音，一面火急推車，一面叫大家讓路。就這樣，我和兒子 Edwin 鬼門關前牽手同步地走了一回。

我一連剖腹生了三胎，過程雖備受呵護，但仍屬生命交關；尤其懷最後一胎，從一開始懷孕我就祈禱，事後主治的女醫生開玩笑說，她聽見麻醉後的我，居然用多種語言不斷地喊著同一句話：「請再給我一個女兒吧！」

此事讓我想起阿嬤告訴我，其實她曾生了五個男嬰，但無一倖存，好幾位算命師都叫她一定要把女兒（我母親）送給別人家當養女，否則其兄弟會遭刑剋，極有可能輕者殘障、重者亡。可是阿嬤就是不信邪，堅持勿以女易男，結果阿嬤也幸虧有這麼一個不讓鬚眉的女兒為她送終，而有我這麼一個言而有信的外孫女積極為她尋根，終於圓了她落葉歸根的夢；其獨生女我的母親更是在無節育措施的時代裡做到了生產報國的典範，不但每次都勇敢地完成任務，且個個撫育成人。

而我自己一生的機遇，就像坐雲霄飛車，更彷如洗三溫暖，風光時不論國內外均有機會與總統級人物平起平坐，但落難時，卻經常屋漏偏逢連夜雨般地困頓。儘管如此，但生兒育女的責任還是一肩扛起，光想到這些母系角色的扮演與性格遺傳的基因，以及命運週期的安排等，似乎愈往上一代追溯感慨就愈多，女人活著簡直就是項艱巨工程，地基打得再穩，使用建材品質再優，且再怎麼努力也未必真能功德圓滿。

女人的一生大部分都會依循傳統慣例，走過、走完或想像擁有全部的經歷。在婚姻的路上，從原生的娘家企圖融進婚後的夫家，到自己擁有可以宣示主權的家，以及未來客座在子女們自組的家。

這段看似有固定路線，卻無預設站牌且漫長而多少帶有傳承意味的心路歷程，對每位女性人格的發展，均具有深淺及階段性不同程度上的影響；也許同樣是女人，但因個人的造化不盡相同，對自己人生的詮釋也各有主張。總之，身為女人就是值得驕傲的體驗；而我比其他女性更幸運的是，我不但同時能擁有阿嬤、母親、女兒和自己，且在這棵母系家族大樹的庇蔭下，從根、幹、枝、葉，一路繼續在茁壯中，期盼能用感恩的心來傳承，直到永遠。

母女江山 / 黃越綏著. -- 初版. -- 新北市：
臺灣商務, 2019.04
256 面；14.8×21公分.
ISBN 978-957-05-3191-6 (平裝)

1.女性傳記 2.臺灣傳記

783.322 108000798

黃越綏作品集

母女江山

作　　者—黃越綏
發 行 人—王春申
總 編 輯—李進文
編輯指導—林明昌
主　　編—張召儀
責任編輯—鄭　莛
封面設計—高小茲
內頁排版—張靜怡

業務組長—王建棠
行銷組長—張家舜
影音組長—謝宜華
出版發行—臺灣商務印書館股份有限公司
23141 新北市新店區民權路 108-3 號 5 樓（同門市地址）
電話◎(02) 8667-3712　傳真◎(02) 8667-3709
讀者服務專線◎0800056196
郵撥◎0000165-1
E-mail◎ecptw@cptw.com.tw
網路書店網址◎www.cptw.com.tw
Facebook◎facebook.com.tw/ecptw

局版北市業字第 993 號
初　　版：2019 年 4 月　初版 3.3 刷：2022 年 6 月
印 刷 廠：沈氏藝術印刷股份有限公司
定　　價：新台幣 320 元
法律顧問：何一芃律師事務所

臺灣商務官網　臉書專頁